A UNIDADE DA
IGREJA CATÓLICA

Dados Internacionais de Catalogação na Publicação (CIP)
(Câmara Brasileira do Livro, SP, Brasil)

Cipriano, São, 210-258
 A unidade da Igreja Católica / São Cipriano ; tradução, introdução e notas de Carlos Beraldo, S.J. – Petrópolis, RJ : Vozes, 2024. –
(Coleção Clássicos da Iniciação Cristã)

 Título original: De unitate ecclesiae catholicae
 Bibliografia.
 ISBN 978-85-326-6523-2

 1. Cipriano, santo, bispo de Cartago
2. Cristianismo – História 3. Igreja Católica – História 4. Teologia I. Carlos Beraldo, S.J.
II. Título. III. Série.

23-166893 CDD-282.09

Índices para catálogo sistemático:

Igreja Católica : História 282.09

Eliane de Freitas Leite – Bibliotecária – CRB 8/8415

São Cipriano

A UNIDADE DA IGREJA CATÓLICA

Tradução, introdução e notas de
Carlos Beraldo, SJ

EDITORA VOZES

Petrópolis

Tradução do original em latim intitulado
De unitate ecclesiae catholicae

© desta tradução:
1973, 2024, Editora Vozes Ltda.
Rua Frei Luís, 100
25689-900 Petrópolis, RJ
www.vozes.com.br
Brasil

Todos os direitos reservados. Nenhuma parte desta
obra poderá ser reproduzida ou transmitida por
qualquer forma e/ou quaisquer meios (eletrônico ou
mecânico, incluindo fotocópia e gravação) ou
arquivada em qualquer sistema ou banco de dados sem
permissão escrita da editora.

CONSELHO EDITORIAL

Diretor
Volney J. Berkenbrock

Editores
Aline dos Santos Carneiro
Edrian Josué Pasini
Marilac Loraine Oleniki
Welder Lancieri Marchini

Conselheiros
Elói Dionísio Piva
Francisco Morás
Gilberto Gonçalves Garcia
Ludovico Garmus
Teobaldo Heidemann

Secretário executivo
Leonardo A.R.T. dos Santos

Editoração: Fernando Sergio Olivetti da Rocha
Diagramação: Sheilandre Desenv. Gráfico
Revisão gráfica: Alessandra Karl
Capa: WM Design

ISBN 978-85-326-6523-2

Este livro foi composto e impresso pela Editora Vozes Ltda.

Sumário

Prefácio, 9

Observações, 15

Introdução, 17

I – Vida e obras de São Cipriano, 17

II – Condições da Igreja na época de São
Cipriano, 18

III – O opúsculo *De Catholicae Ecclesiae unitate*, 21

IV – A unidade da Igreja e na Igreja, 22

V – Unidade e fé, 24

VI – O incidente em torno do batismo cismático, 27

VII – A unidade da Igreja e a "cátedra de Pedro", 33

VIII – Cartago contra Roma? – Acima de tudo a paz e a unidade, 39

Bibliografia, 45

Texto – A unidade da Igreja Católica, 55

1 Vigiai, o inimigo vem disfarçado, 57

2 Acima de tudo: cumprir os mandamentos de Cristo, 58

3 O demônio é o autor dos cismas, 60

4 "Tu és Pedro, e sobre esta pedra...", 62

5 A Igreja única e universal: muitos são os raios, uma a luz..., 66

6 Única Esposa de Cristo: não pode ter Deus por Pai quem não tem a Igreja por mãe, 68

7 A túnica inconsútil de Cristo, 70

8 Figuras do Antigo Testamento: Raab, o cordeiro pascal, 72

9 A pomba, exemplo de sociabilidade e concórdia, 74

10 Origem e maldade das heresias, 76

11 O batismo cismático, 78

12 "Onde dois ou três..." (Mt 18,20): interpretação errada e interpretação certa, 80

13 Não achará a Deus propício quem não está em paz com o irmão, 84

14 Nem o martírio lava a mancha da discórdia, 86

15 A lei do amor e a unidade, 89

16 Essas aberrações foram preditas, 91

17 Não ceder ao escândalo; evitar os hereges, 93

18 Castigos dos profanadores do culto, 95

19 Menos grave é o pecado dos lapsos, 97

20 Confessores que não perseveraram, 99

21 A honra da "confissão" aumenta o dever do bom exemplo, 100

22 Elogio dos confessores, 103

23 Apelo aos que foram enganados, 104

24 Bem-aventurados os pacíficos, 106

25 O exemplo dos primeiros cristãos, 108

26 Exortação para uma vida cristã integral, 108

Índice escriturístico, 111

Índice analítico, 117

Prefácio

Se o leitor, neste livrinho, espera encontrar novidades, está enganado. O livro e seu próprio título são velhos, do ano de 252. Naqueles tempos a consciência da unidade da Igreja tinha-se obliterado em alguns cristãos. Como crianças desgostadas com o coleguinha que lidera o jogo, afastam-se dele e formam um novo time, assim esses tais, por motivos que eles julgavam importantes ou sem motivo algum, só por gosto ou desgosto, apartavam-se da Igreja e formavam o seu grupinho. De cabeça bem erguida, pareciam lançar aos bispos o desafio: Estão vendo? Nós também batizamos, crismamos, rezamos missa e damos comunhão... Cristo está também no meio de nós, não precisamos de vocês...

Cipriano viu a manobra diabólica escondida nessa leviandade insensata e decidiu lançar no contra-ataque todas as suas forças. Era bispo novo, recém-convertido do paganismo. Não tinha estudado muita teologia, que, aliás, na forma em que hoje a entendemos, ainda não tinha nascido. Mas manuseava e meditava dia e noite as Sagradas Escrituras, no contato com os colegas e na tradição doutrinal e litúrgica da Igreja tinha haurido uma cultura cristã bastante ampla e sobretudo profunda. Além disso, desde a mocidade, conhecia e praticava magistralmente a arte da retórica.

O livrinho *A unidade da Igreja Católica* é mais uma exortação do que um tratado. Ele contém indicações úteis para a reflexão teológica: muitas coisas merecem ser aceitas, outras corrigidas, uma ou outra também rejeitada. Porém, o espírito que aqui transborda não admite restrições. É o espírito evangélico de simplicidade-paz-caridade-unidade, o espírito de Jesus mesmo.

Certas perorações, que ele alinhava contra os corifeus de cismas, poderão insinuar, a mais de um leitor, a imagem de um bispo velho, sisudo, mal-humorado, sempre pronto a resmungar e recriminar. Nada disso. Na plenitude da idade adulta, Cipriano revela uma personalidade sensibilíssima, enérgica e muito equilibrada, rica em criatividade e com um pinguinho de argúcia.

Leia-se a descrição das pombas (cap. 9). Veja-se a imagem da Igreja, "mãe feliz, abrangendo no seu regaço todos os seus filhos" (cap. 23). Uma vez um colega escrevera-lhe que não achava bom batizar as crianças antes do oitavo dia depois de nascidas, porque, entre outros motivos, não lhe parecia conveniente que um bispo beijasse, segundo o rito, um nenenzinho assim. Cipriano respondeu: Que tal? Nada do que Deus fez é inconveniente. Quando beijamos uma criancinha recém-nascida, é como se beijássemos as mãos do próprio Deus. Batizem-se, pois, as crianças, o mais cedo possível, mesmo com um ou dois dias. Elas já têm direito à salvação.

Estes traços fazem lembrar um outro santo moderno, o santo da mansidão, da gentileza e das boas maneiras, São Francisco de Sales.

A relação do martírio de Cipriano, baseada em documentos oficiais, mostra ainda a sua grandeza. No átrio do pretório, o procônsul interroga-o e ordena-lhe: "Cipriano, sacrifica aos deuses romanos!" Cipriano: "Não sacrifico". O procônsul: "Pensa bem... nas consequências". Cipriano: "Tu fazes o que te foi mandado. Eu já pensei".

Depois de breve consulta com seus conselheiros, o magistrado pronuncia a sentença: "Táscio Cipriano seja castigado pela espada". Cipriano respondeu e concluiu: *Deo gratias*!

A sentença foi executada de imediato, no campo ou chácara de Sexto. Muito povo assistia. Tudo estava pronto, só faltava vendar os olhos ao condenado. Então Cipriano manda aos "seus", lá presentes, que entreguem ao algoz, como gratificação, vinte e cinco moedas de ouro. Este ficou tão confuso e comovido que, diz o biógrafo, quase não conseguia segurar a espada com a mão. Afinal, ele também fez o que lhe tinha sido mandado.

Pensamos que foi esta a única vez, na história, em que um carrasco tenha recebido da sua vítima uma gorjeta tão generosa...

Esse Cipriano! Ele bem merece ser lido e conhecido.

O tradutor
São Paulo, 26 de novembro de 1972.
Solenidade de Nosso Senhor Jesus Cristo,
Rei do Universo

Observações

1ª) A presente tradução foi feita seguindo o texto da edição MIGNE, J.-P. *Patrologia Latina*, IV, col. 509-536. A divisão em capítulos é da mesma edição.

2ª) Os títulos dos capítulos e a divisão destes em parágrafos são do tradutor.

3ª) Para o duplo texto do cap. 4 utilizamos: D'ALÈS, A. *La Théologie de St. Cyprien*. Paris, 1922.

4ª) São Cipriano cita a Sagrada Escritura segundo a antiga versão latina "africana". Nesta nossa tradução respeitamos as variantes lexicais do texto que ele próprio usou.

Introdução

I – Vida e obras de São Cipriano

1. Táscio Cecílio Cipriano nasceu no norte da África, provavelmente em Cartago, entre os anos de 200 a 210 d.C. Filho de família abastada, recebeu uma formação superior e provavelmente se dedicou à oratória e à advocacia. Converteu-se ao cristianismo, já adulto, por volta de 245. Três anos mais tarde foi eleito bispo de Cartago. Em virtude deste cargo e da sua personalidade saliente, exerceu um papel de liderança entre os bispos de toda a África. Coroou a sua carreira episcopal dando um empolgante testemunho de fé. Foi degolado nas imediações da cidade, na presença de uma grande multidão de cristãos e de pagãos, aos 14 de setembro de 258, durante a perseguição de Valeriano.

2. Dos seus escritos, a literatura cristã nos transmitiu 81 cartas, dirigidas a vários destinatários, papas, bispos, simples fiéis, e 13 opúsculos ou pequenos tratados sobre assuntos pastorais, morais ou eclesiásticos.

II – Condições da Igreja na época de São Cipriano

1. Vivia então a Igreja um período de notável fervor e de graves provações. As perseguições sangrentas que, periodicamente com maior ou menos veemência, desde Nero (64 d.C.), a tinham sacudido, pareciam não ter outro efeito a não ser o de favorecer a sua expansão.

2. No ano de 249 um edito do Imperador Décio iniciou uma nova perseguição, cujo objetivo era a destruição do cristianismo, eliminando, antes de tudo, os seus chefes, bispos, presbíteros e elementos mais influentes do laicado. Cipriano sabia que, se fosse preso ou morto, a Igreja de Cartago teria ficado sem pastor por um prazo de tempo imprevisível, até o fim da perseguição. Escondeu-se e conseguiu escapar. Com a morte de Décio (verão de 251) a tranquilidade voltou. Os presos foram soltos. Em Roma, o Mártir Fabiano foi substituído, na cátedra de Pedro, pela eleição de Cornélio. Em Cartago, Cipriano convocou um sínodo dos bispos africanos para enfrentar, juntos, os problemas que o furacão tinha deixado no seu rasto. Muitos mártires tinham recebido a coroa no céu. Na terra ficavam muitos "confessores", mostrando as cicatrizes dos seus tormentos e das suas algemas. Havia também um número indefinido de "lapsos", que, por medo da morte ou dos suplícios, renegaram a fé ou, na maioria dos casos, fingiram renegá-la e agora procuravam a reconciliação com a Igreja.

3. O que mais angustiava os corações retos e preocupava o zelo dos pastores era a recrudescência das heresias e dos cismas. Existiam remanescentes das heresias do século anterior: gnósticos, montanistas etc. Mas as seitas novas exerciam maior atração. Ficaram célebres, em Roma, o cisma de Novaciano e, em Cartago, o de Novato e Felicíssimo. O primeiro pretendia que os lapsos e os culpados de pecados mais graves nunca fossem readmitidos na Igreja. Com esses critérios de extremo rigorismo esperava Novaciano ser eleito papa. A eleição de Cornélio feriu o seu orgulho e levou-o ao cisma aberto. Novato e Felicíssimo exageravam em sentido contrário e desprezando as disposições dos legítimos pastores, os bispos, pretendiam reconciliar os lapsos sem a devida penitência. Cipriano, no opúsculo *De unitate*, não nomeia nenhum cismático, mas faz supor que em outras cidades existissem outros cismas menores ou grupos de adeptos de Novato ou de Novaciano.

III – O opúsculo D*e Catholicae Ecclesiae unitate*

1. Foi para combater estes desvios que Cipriano, pelo outono de 251, divulgou o "livrinho", como ele diz, *De Catholicae Ecclesiae unitate*[1]. As circunstâncias explicam a linguagem severa que usam como, aliás, nas cartas em que trata do mesmo tema. Ela faz lembrar as invectivas que o próprio Jesus lançava contra os escribas e os fariseus, e não deixa quase suspeitar qual era habitualmente a ternura e a sensibilidade da sua alma de pai e de pastor. Ele tem pouca esperança de converter os corifeus dos cismas. Pelo seu orgulho, pela sutileza dos seus sofismas e pela sua pertinácia, pareciam-lhe irredutíveis. O seu objetivo pastoral é de alertar os fiéis em geral e reconduzir ao redil aqueles que se deixaram seduzir por ignorância e de boa-fé (cap. 23).

---

1. Cf. *Carta 51. In*: *PL*, IV, col. 354s.

2. O opúsculo teve extraordinária difusão quer entre os contemporâneos, quer depois. A sua influência no pensamento cristão é incalculável.

IV – A unidade da Igreja e na Igreja

1. Citando continuamente as Sagradas Escrituras, Cipriano coleciona e põe em evidência elementos preciosos sobre a Igreja e a sua unidade. Esta é, antes de tudo, uma decorrência da unidade perfeita que reina entre as três Pessoas divinas (cap. 6). Jesus Cristo manifestou, de modo inequívoco, a sua vontade a este respeito (cap. 2 e 4), por ela orou ao Pai[2].

2. No opúsculo sobre o "Pai-nosso", Cipriano cita a oração de Jesus depois da ceia: "Não rogo só por estes, mas também por aqueles que, pela tua palavra, hão de crer em mim, para que todos sejam um, como Tu, Pai, em mim e eu em ti, que eles também sejam um em nós" (Jo 17,20-21). E comenta: "Como é grande a benignidade e a piedade do Senhor para a nossa salvação. Não

2. Cipriano nos mostra as dimensões da unidade: unidade no presente, ao duplo nível, local e universal, e unidade dinâmica que conserva a identidade da Igreja de hoje com aquela de ontem e de amanhã, pela legítima sucessão apostólica[3] e pela fidelidade às fontes[4].

3. Cipriano lembra com insistência os elementos que integram a unidade; eles são: concórdia, paz e simplicidade, unanimidade, isto é, conformidade de espírito, de sentimentos e de pensamentos, comunhão dócil com os legítimos

---

se contentou de nos remir com o seu sangue, mas quis ainda mais orar por nós. E vede o objeto da sua oração: como o Pai e o Filho são um, assim nós também permaneçamos na mesma unidade. Isto nos faz compreender quão gravemente peca aquele que quebra a unidade e a paz [...]" (*De Oratione Dominica*, c. 30. *In*: *PL*, IV, col. 557).

3. Cf. Sínodo de Cartago de set./256. *In*: *PL*, III, col. 1111.

4. "Se alguém está em dúvida e vacila acerca da verdade, voltemos à fonte do Senhor, à tradição evangélica e apostólica. Lá descobriremos a norma dos nossos atos, pois de lá vieram a ordem e a origem" (*Carta 74*, n. 10: *Ad Pompeium*. *In*: *PL*, III, col. 1182).

pastores, bispos e presbíteros. Os caminhos opostos são: discórdia, doutrinas estranhas (*alienas doctrinas*), dissensões, insubordinação, resistência aos pastores, até o passo final da revolta e da separação com autoinvestidura e usurpação de títulos e poderes espirituais.

4. O seu pensamento pode ser resumido assim: o Espírito de Deus leva à paz e à unidade, o espírito maligno sopra na direção da discórdia e do cisma.

V – Unidade e fé

1. Cipriano atribui à unidade visível da Igreja um papel fundamental e insubstituível; quer para a própria Igreja – depende da sua unidade "ser ou não ser" a Igreja de Cristo –, quer para cada fiel individualmente. A fé, a graça, a salvação de cada um depende da adesão pessoal à mesma Igreja-una. A unidade é uma evidência primeira da fé que nenhum cristão pode ignorar sem culpa. Segundo o nosso santo, toda a violação da unidade é um ato ou uma atitude de "perfídia", quer dizer, conforme a etimologia do termo, uma traição ou uma falsificação da fé. Por conseguinte, quem estiver fora da unidade não pode ser salvo (cap. 7), não pode ter a caridade, nem pelo martírio poderia conseguir o prêmio (cap. 14).

2. A imagem que Cipriano nos deixa da unidade é autêntica, é evangélica. A importância da unidade nunca poderia ser exagerada. Mas, por motivos pastorais e talvez inconscientemente, ele cria uma perspectiva artificial e apriorística colocando o preceito da unidade entre os fundamentos da fé.

3. De fato todos os artigos da fé são necessários e, de algum modo, mutuamente conexos, mas existe entre eles uma ordem lógico-psicológica, em virtude da qual alguns não podem ser ignorados ou recusados sem que outros também sejam atingidos pela mesma ignorância ou recusa. Assim, por exemplo, quem nega ou recusa a divindade e a missão salvífica de Cristo arrasa pela base toda a fé cristã. A unidade da Igreja, considerada sob este aspecto, não está nas bases do edifício da fé, mas, por assim dizer, no teto ou na cúpula, é a coroa. Muitos, de fato, acreditam em Cristo, mas não admitem a unidade da Igreja ou se formam dela representações essencialmente diferentes. Essa fé, salvo casos em que não passe de uma atitude externa de pura ostentação, pode ser sincera, pode ser fonte de boas obras, às vezes pode levar ao heroísmo da caridade no martírio, enfim pode agradar a Deus. A existência de valores religiosos positivos em pessoas ou comunidades não católicas, ou até não cristãs, foi solenemente reconhecida pelo Concílio Vaticano II[5].

4. Cipriano admite que muitos fiéis caíram no cisma por ignorância e, talvez, sem culpa pessoal, mas dirige todas as suas invectivas contra os responsáveis, aos quais endossa, como inevitável, o pecado da "perfídia" no sentido acima exposto.

---

5. Esp. os decretos: *O ecumenismo* e *As regiões não cristãs*.

VI – O incidente em torno do batismo cismático

1. No começo do século III, contra a praxe geral da Igreja, foi introduzida na África e em alguns lugares da Ásia Menor o uso de batizar todos aqueles que se convertiam à Igreja Católica, tendo sido batizados anteriormente só nas seitas. Esta novidade baseava-se na convicção de que só o batismo conferido pela Igreja Católica fosse válido. Eleito bispo, Cipriano encontrou este uso já em vigor e quis sustentá-lo com argumentos teológicos, como aparece já no capítulo 11 do presente opúsculo. O seu raciocínio está ligado à concepção, acima exposta, segundo a qual os cismáticos em lugar da fé só têm perfídia; em lugar da caridade, têm o furor da discórdia. Achando-se eles sem a vida sobrenatural, como poderiam comunicar a vida divina e a vida da fé?

2. Em outros escritos relaciona a unidade do batismo com a unidade da Igreja. Um só batismo, como diz São Paulo, numa só Igreja.

Se o batismo dos cismáticos fosse válido, pensa Cipriano, haveria muitos batismos e muitas igrejas legítimas[6]. Esta novidade, durante decênios, passou despercebida ou, pelo menos, não provocou atritos. Na primavera de 256 teve lugar, em Cartago e sob a presidência de São Cipriano, um sínodo de 71 bispos norte-africanos. Entre outros assuntos, foi confirmado, para as respectivas dioceses, o uso de batizar todos os convertidos sem nenhuma exceção. O texto dessas deliberações foi comunicado ao pontífice romano[7], que, desde 254, era Estêvão I.

3. Conhecemos a resposta do papa só por algumas frases citadas pelo próprio Cipriano na sua correspondência e por Firmiliano em carta dirigida ao mesmo Cipriano[8]. É pena que o texto completo não chegou até nós. Estêvão responde

---

6. *Carta 73*, n. 25: *Ad Jubaianum*. *In*: *PL*, 111, col. 1172. • *Carta 74,* n. 2: *Ad Pompeium*. *In*: *PL*, III, col. 1175.

7. *Carta 72*. *In*: *PL*, III, col. 1083-1090.

8. *Carta 75*. *In*: *PL*, III, col. 1202-1226, esp. n. 9 (col. 1210) e n. 18 (col. 1218).

autoritariamente e, parece, com certa arrogância: Nada de novidades: *nihil innovetur*, siga-se a tradição. "Toda a virtude do batismo, para a fé e a santificação, vem do poder do nome de Cristo e da invocação da SS. Trindade, quem quer que seja o batizante"[9].

4. Implicitamente o papa supõe dois princípios, antagônicos aos de São Cipriano: 1º) Se os cismáticos e os hereges batizam, é sinal de que eles têm fé suficiente para querer fazer – no batismo – o que Cristo mandou. 2º) O batismo é um só; quer dizer, é essencialmente idêntico em todos os batizados quanto à sua natureza e aos seus efeitos, mas a unidade do batismo, pela instituição de Cristo, não depende da unidade da Igreja, mas é ontologicamente anterior. Por conseguinte, é a unidade primigênia do batismo que exige que todos os batizados, filhos de um só e mesmo Pai, vivam unidos no grêmio de uma só Igreja visível (1Cor 12,13).

---

9. *Carta* 75, n. 9.

5. Foi segundo estes princípios que se desenvolveu e se fixou, em seguida, a doutrina católica sobre o batismo. Mais adiante examinaremos o comportamento de Cipriano frente à autoridade do Papa Estêvão.

6. O "incidente" durou pouco tempo e acabou de modo imprevisto. Aos 2 de agosto de 257 morreu o Papa Estêvão. O sucessor, Sixto II, preferiu a paz e não tocou mais no assunto. Aliás, a sua eleição coincidiu, quase, com um novo edito persecutório de Valeriano. Muitos bispos e presbíteros foram presos ou exilados longe dos seus rebanhos. O próprio Cipriano foi desterrado fora de Cartago. Em Roma, aos 2 de agosto de 258 Sixto foi martirizado com alguns presbíteros e diáconos. Quatro dias mais tarde, era imolado, nas brasas, o popular diácono São Lourenço. No mês seguinte Cipriano foi reconduzido a Cartago, submetido a novo julgamento e condenado à pena capital (14 de setembro).

7. O batismo na doutrina e na praxe atual da Igreja Católica. Segundo a doutrina católica, e a disciplina atualmente em uso, cada batismo deve ser *válido, eficaz* e *lícito*.

É válido quando há: aplicação da água (matéria), invocação das três Pessoas divinas (forma) e intenção, no batizante, de fazer o que Cristo mandou ou a Igreja quer e costuma fazer. Quando o batizando está na idade da razão é necessária também, nele, a intenção de receber o batismo. Isto supõe um mínimo de fé, embora possa ser limitada e indireta[10]. O batismo válido imprime o caráter e nunca pode ser repetido.

O batismo válido será também *eficaz*, quer dizer, produz a graça santificante no ato mesmo, se o batizado não opõe a isto nenhum "obstáculo". Em batizado com uso de razão pode ser obstáculo ao efeito do batismo a falta de *reta fé* ou de arrependimento dos próprios pecados pessoais. Existindo obstáculo, o batizado não recebe a graça no mesmo ato de ser batizado, mas

---

10. Cf. SANTO TOMÁS. *Suma Teológica*, p. III, q. 68 aa. 7 e 8.

posteriormente, quando ele realizar em si mesmo as devidas disposições.

Há obrigação de batizar as crianças. Estas, antes do uso da razão, não são capazes de querer o batismo nem de opor ao mesmo obstáculo algum, mas são capazes de receber o próprio batismo, a graça e a filiação divina, que são dons estritamente gratuitos de Deus[11].

O batismo é *lícito* quando é administrado por pessoa designada ou autorizada pela Igreja, quer dizer, presbítero ou diácono em circunstâncias ordinárias, e qualquer pessoa, mesmo não batizada, nos casos de urgente necessidade.

Exemplos de batismos nulos (inválidos) são os mencionados em At 19,1-8; certos "batismos" praticados, às vezes, no espiritismo ou na maçonaria.

Quanto ao batismo nas confissões cristãs não católicas, a Igreja, em nossos dias, examina

---

11. Em favor do batismo das crianças, o Sínodo de Cartago de 255, presidido por São Cipriano, deixou-nos uma magnífica exposição (cf. *PL*, III, col. 1050-1056).

para cada uma delas se o seu modo de batizar apresenta condições certas de validez. Quando algum dos seus adeptos passa ao catolicismo, é batizado ou não conforme for o caso. Se permanece dúvida quanto à validade do batismo anterior, costuma-se batizar sob condição.

VII – A unidade da Igreja e a "cátedra de Pedro"

1. Em *De unitate*, Cipriano mostra que Jesus estabeleceu uma relação íntima entre a "cátedra de Pedro" e a unidade. Para que todos compreendam facilmente que "Igreja de Cristo" e "Igreja una" são termos inseparáveis, começou (origem, exórdio) a Igreja com um só, Pedro. Este Pedro é a "pedra", quer dizer, a firmeza da Igreja e da sua unidade. Por estar a Igreja fundada nesta "pedra", as "portas dos infernos não a vencerão". Para Pedro instituiu uma só cátedra, a ele deu as "chaves". Cátedra, chaves, são símbolos expressivos de autoridade, de poder espiritual. Mas logo

Cipriano faz questão de lembrar que, depois da ressurreição, Jesus comunicou a todos os apóstolos o mesmo poder, especialmente o de perdoar e reter os pecados...

2. Tertuliano, depois de ter abandonado a Igreja para aderir ao montanhismo, opinou que as "chaves", a "pedra" etc. fossem privilégios pessoais de Pedro, não transmissíveis aos sucessores. Cipriano não pensa assim: as pessoas passam, mas as intuições divinas ficam.

3. Essa participação dos apóstolos (e, por conseguinte, dos bispos seus sucessores) ao mesmo poder de Pedro pode ser interpretada de dois modos: ou cada um deles teria recebido outras chaves e constituiria outra pedra – isto não pode ser aceito por Cipriano porque significaria o fim da unidade a instituição de muitas igrejas. Então os apóstolos (e depois deles os bispos) receberiam as mesmas chaves e seriam identificados com a mesma pedra, sem que por isso nem as chaves nem a pedra se multiplicassem. Como pode ser isto? Vejamos alguns textos de São Cipriano.

4. Comentando o convite de Jesus "Quem tem sede venha e beba" (Jo 7,37), escreve: "Para onde irá aquele que está com sede? Talvez aos hereges ou, antes, à Igreja, que é única e, pela palavra do Senhor, foi fundada sobre um só, sobre aquele que também recebeu as suas chaves? Só ela possui e conserva todo o poder do seu Esposo e Senhor. Nela presidimos, para a sua honra e unidade estamos lutando"[12].

5. Em outra carta, avisando o Papa Cornélio da ida a Roma de alguns cismáticos que queriam ganhar o seu favor, escreve: "Eles têm a coragem de navegar e levar cartas de estranhos e de cismáticos até a cátedra de Pedro e à Igreja principal, de onde nasceu a unidade sacerdotal (i. é, dos bispos) e não pensam que ali são romanos, cuja fé foi louvada pelo apóstolo, e junto aos quais não pode penetrar a perfídia"[13].

---

12. *Carta 73*, n. 11: *Ad Jubaianum. In*: *PL*, III, col. 1161.

13. *Carta 12*, n. 15: *Ad Cornelium. In*: *PL*, III, col. 844ss.

6. Estes e outros textos parecidos devem ser interpretados no contexto das obras e da vida de Cipriano e também do ambiente histórico e cultural da época.

7. Lendo em profundidade as passagens citadas, descobrimos que ele tem em vista dois planos, sem portanto ter disto uma ideia clara. Num plano, a Igreja de Cartago e todas as igrejas locais se identificam com a Igreja de Pedro, com aquela da "pedra", das "chaves" e da "única cátedra". Em outro plano elas são diversas: pela posição geográfica, pelo ambiente histórico e cultural, pelas pessoas que as compõem (povo e pastores). Entre os dois planos deve haver estrita conexão. A unidade do primeiro plano é vivida; no segundo, pela concórdia (unidade de corações), pela "unanimidade" (unidade de pensamentos), pelo amor, pela paz; e, finalmente, pela "comunhão" eclesial. Esta última é uma expressão concreta das outras formas unitivas. Comunhão é uma espécie de intercâmbio: dar e receber. Aqui podemos perguntar: a Igreja de Roma, ou o seu chefe, possui "algo" de estritamente próprio para dar às demais igrejas ou para influir nelas? Cipriano deve responder afirmativamente. Em caso contrário, deveria admitir que a luz se irradia igualmente do sol aos raios e dos raios ao sol; a água corre em duplo sentido, da fonte aos riachos e dos riachos à fonte (cap. 5). Além disso, a cátedra de Pedro, na época de Cipriano e em todos os tempos a seguir, não teria mais função alguma relativamente à unidade da Igreja universal.

8. O que permanece difícil é determinar, de modo mais exato e claro, o que é este "algo" que se irradia de Roma para as demais igrejas e não conhece recíproco em sentido contrário. Seria um prestígio histórico perene e sempre vivo que se projeta ao longo dos tempos? Ou um centro necessário e obrigatório de comunhão universal? Um estandarte e um sinal da unidade? Um poder espiritual de ensinar e dirigir? Todas estas hipóteses podem ser levantadas, mas nenhuma delas parece sufragada por provas que a tornem aceitável de modo exclusivo.

9. Por esta mesma razão, não se encontra, em Cipriano, indicação alguma de eventuais obrigações dos vários bispos relativamente ao pontífice romano. Cipriano teria podido fazer um paralelo entre as igrejas locais e a universal. Nas primeiras, a direção (administração ou presidência, como ele diz) do bispo é o agente providencial e insubstituível da unidade. Por que não deveria ser a mesma coisa no âmbito da Igreja universal, onde a unidade, por razões óbvias, é muito mais difícil? A experiência que fez no conflito do batismo podia também ser ocasião de úteis reflexões.

10. Cumpre também lembrar aqui que, nos três primeiros séculos, as afirmações teóricas do primado romano são relativamente poucas e formuladas em termos genéricos e vagos, ainda longe da precisão técnica de hoje. (São Clemente Romano, Santo Inácio de Antioquia, Santo Ireneu). Ainda mais raras são as intervenções do pontífice romano em assuntos universais ou de igrejas particulares fora de Roma.

11. Em conclusão: Cipriano sentiu de modo intenso e empolgante o imperativo evangélico da unidade, mas não teve a noção clara de uma hierarquia solidamente estruturada ao redor de um só, o sucessor de Pedro, como garantia e tutela visível, divinamente instituída, da mesma unidade. Para a compreensão explícita disto os tempos não eram ainda maduros. A doutrina atual do primado, em Cipriano, só aparece timidamente em germe.

VIII – Cartago contra Roma? – Acima de tudo a paz e a unidade

1. A carta coletiva em que se comunicavam ao Papa Estêvão as decisões do Sínodo de Cartago (1º de 256, com 71 bispos) conclui: "Sabemos que alguns não querem renunciar à opinião que uma vez abraçaram, nem mudar facilmente a sua atitude; mas, ficando salvo o vínculo da paz e da concórdia, conservam usos próprios anteriormente adotados. Nisto não pretendemos fazer pressão nem ditar lei a alguém. Admitimos, ao contrário, que cada prelado, na direção da Igreja, goza do livre-arbítrio da sua vontade e dará conta ao Senhor dos seus próprios atos"[14].

2. Cipriano e seus colegas sabiam que, em Roma, se pensava e praticava de modo diferente. A conclusão citada era expressão de tolerância e de paz. Pode ser que o Papa Estêvão a tenha interpretado como um aviso inoportuno, e isto, talvez, explique o teor brusco e altivo da sua resposta.

3. Cipriano nem se submeteu, nem se rebelou. Cada uma dessas duas atitudes era-lhe impossível. Rebelar-se significava abalar profundamente a unidade da Igreja, pois sabia que toda a África estava do seu lado. Submeter-se era o mesmo que renegar a sua fé ardente na única esposa de Cristo, a Santa Igreja, renegar tudo o que nela amava, tudo o que tinha pregado e escrito para a sua integridade e a sua honra. De

---

14. *Carta 72*, n. 3: *Ad Stephanum. In*: *PL*, III, col. 1088s.

fato considerava os hereges e os cismáticos como a mais terrível ameaça contra a Igreja e qualquer concessão feita aos mesmos, como no caso do batismo, era, a seu ver, uma cooperação e uma cumplicidade em seus diabólicos intentos. O seu espírito, em força do equívoco que acima analisamos, estava realmente perplexo entre duas "objeções de consciência".

4. O assunto era de interesse comum de todas as igrejas da África. Logo convocou um outro sínodo para examinar a nova situação criada pela resposta inesperada de Roma.

5. Entretanto, escreveu algumas cartas a bispos ou outros personagens que pensavam como ele e lhe tinham pedido esclarecimentos[15]. Nelas repete os seus argumentos e refuta os de Estêvão, que lhe parecem inacreditáveis. A "tradição"? Mas "costume sem a verdade não passa de erro inveterado!" O "poder da invocação do

---

15. Cf. esp. as cartas 73, 74, 76, além das 70 e 71.

nome de Jesus"? Mas, na boca deles, este nome é só mentira; pois, recusando a única Igreja, eles recusam o próprio Cristo!

6. O sínodo reuniu-se em Cartago no dia 1º de setembro com a presença de 87 bispos. Os espíritos deviam ser bastante agitados. Na palestra de abertura, Cipriano, entre outras considerações, sublinhou que cada um devia manifestar a sua opinião com modéstia, quer dizer, sem julgar ou condenar ninguém, e com liberdade, isto é, sem receio de ser julgado ou condenado por ninguém. "De fato, continuava literalmente, ninguém, aqui, se constituiu bispo dos bispos, ninguém faz pressão junto aos colegas com tirânico terror... Olhemos só ao juízo de nosso Senhor Jesus Cristo, só Ele tem o poder de nos confiar o governo da Igreja e só Ele há de julgar os nossos atos"[16].

7. Não se pode ver, neste trecho, uma negação do primado. O apelo ao juízo do Senhor não

---

16. Cf. *PL*, III, col. 1092.

deve ser interpretado de modo exclusivo. O próprio Cipriano nos deixou exemplos em contrário. Uma vez, um sínodo de bispos, por ele presidido, julgou dois bispos espanhóis, Basílide e Marcial, lapsos, e solicitou a sua substituição[17]. Outra vez ele exorta o Papa Estêvão a tomar providências contra Marciano, bispo de Arles, França, que tinha aderido ao rigorismo de Novaciano[18].

8. As expressões "bispo dos bispos" e "tirânico terror" contêm, talvez, uma alusão ao tom da carta de Estêvão, mas o que Cipriano queria recomendar sobretudo era calma, paz, moderação e liberdade de expressão. Naquela assembleia de bispos do litoral e do interior da África a pessoa que era mais exposta a ser julgada e condenada era o Papa Estêvão, e aquela que, sem querer, podia exercer uma real pressão, incutir um certo medo e limitar, assim, a liberdade, era o próprio Cipriano, lá presente e que não ignorava o peso

17. Cf. *PL*, III, col. 1056ss.
18. Cf. *PL*, III, col. 1023ss.

do seu prestígio. Os participantes acataram essas recomendações. Cada um disse a sua sentença sem alusão a pessoas. Muitos apoiaram o seu voto com os mesmos argumentos que se podem ler ao longo das obras de Cipriano. Todos à unanimidade aderiram à sua tese[19].

9. No começo daquele mesmo sínodo, Cipriano tinha dado leitura de uma carta recebida do Bispo Jubaianus e da sua própria resposta ao mesmo, cuja conclusão é a seguinte: "Nós, por quanto depende de nós, não travamos polêmicas com nossos colegas e coepíscopos, por causa dos hereges. Com eles conservamos a divina concórdia, e a paz do Senhor... Com paciência e doçura, salvaguardamos a caridade sincera, a honra do nosso colégio, o vínculo da fé, a concórdia sacerdotal. Por isso, acabamos de escrever, com o favor e a graça do Senhor, um livrinho sobre o *Valor da paciência* que te enviamos como sinal do nosso mútuo afeto"[20].

---

19. Cf. *PL*, III, col. 1093-1112.

20. *Carta 73*, n. 26: *Ad Jubaianum. In*: *PL*, III, col. 1172.

10. Esta "declaração de paz" incondicionada no rebanho sagrado de Cristo é como a estrela que norteou toda a sua vida de pastor, especialmente na sua última fase, que foi a mais difícil e crítica. Como a neblina, nas estradas, é ocasião de acidentes, assim a confusão nas ideias e na linguagem, mesmo involuntária e inculpável, leva facilmente a algum equívoco ou desvio. Cipriano, bispo santo, zeloso e ativo, não escapou a esta lei. O Pastor dos pastores julgou os seus atos "com paciência e doçura", não só pelo heroísmo puríssimo do seu martírio, mas também pelo seu eloquente testemunho de unidade que deixou e, ainda hoje, ecoa perene na Igreja.

Bibliografia

Uma bibliografia extensa, embora não estritamente completa, sobre São Cipriano, a começar do meado do século XIX, nas principais línguas europeias, abrange de 250 a 300 títulos.

Para isso remetemos o leitor especializado aos tratados maiores de Patrologia, como por exemplo:

(1) QUASTEN, J. *Patrologia*. Vol. I. Trad. de I. Oñatibia. Madri: BAC, 1961, p. 617-657.

(2) ALTANER, B.; STUIBER, A. *Patrologie*. 7. ed. Friburglo i. Br., 1966, p. 172-181.

Damos aqui a lista dos trabalhos mais significativos e mais recentes ou que podem estar ao alcance do leitor brasileiro.

Para a vida de São Cipriano

(3) PONTIUS. De vita et passione Cypriani. *In*: MIGNE, J.-P. *Patrologia Latina*, III, col. 1541-1558.

(4) Acta Proconsularia Sancti Cypriani. *In*: MIGNE, J.-P. *Patrologia Latina*, III, col. 1558-1565.

(5) WALLIS, R.E. *The Life and Passion of Cyprian by Pontius, the deacon*. Edimburgo, 1864.

(6) BENSON, E.W. *Cyprian his Life, his Time, his Work*. Londres, 1897.

(7) HARNACK, A. *Das Leben Cyprians von Pontius – Die erste Christlische, Biographic*. Leipzig, 1913.

(8) D'ALÈS, A. Le Diacre Pontius. *Recherches de Science Religieuse*, p. 319-378, 1918.

(9) NOCK, A.D. Conversion, Confession and Martyrdom of St. Cyprian. *Journal of Theological Studies*, p. 411ss., 1927.

(10) PELLEGRINO, M. *Vita e martirio di S. Cipriano*. Alba, 1955.

Para as obras

Edições

(11) MIGNE, J.-P. *Patrologia Latina*, III e IV. Paris, 1886 e 1891.

(12) HARTEL, W. *Corpus Scriptorum Ecclesiasticorum Latinorum,* III. Viena, 1868-1871.

Traduções

Em português

Na década de 1940 a revista *A Ordem* publicou a tradução, com respectiva introdução, dos principais opúsculos de São Cipriano, preparada pelos padres do Mosteiro de São Bento do Rio de Janeiro. Eis a lista:

(13) *De mortalitate* (Sobre a morte). *A Ordem*, 26, p. 419-442, 1941.

(14) Sobre as boas obras e a esmola. *A Ordem*, 27, p. 423-449, 1942.

(15) A oração dominical. *A Ordem*, 28, p. 316-348, 1942.

(16) O bem da paciência. *A Ordem*, 31, p. 121-144, 1944.

(17) Sobre a conduta das virgens. *A Ordem*, 33, p. 26-45, 1945.

(18) Duas epístolas sobre o martírio. *A Ordem*, 37, p. 409-423, 1947.

(19) Tratado sobre os lapsos. *A Ordem*, 38, p. 331-358, 1947.

(20) Sobre a unidade da Igreja Católica. *A Ordem*, 39, p. 103-128, 1948.

Em francês

(21) BAYARD, L. *Tertullien et Cyprien – Textes choisis.* Paris, 1930.

(22) BAYARD, L. *St. Cyprien – Correspondence.* Paris, 1925.

(23) LAVARENNE, M. *St. Cyprien, sur ceux qui sont tombés (de Lapsis) et Contre Démétrien.* Clermont-Ferrand, 1940.

(24) DE LABRÍOLLE, P. *Cyprien sur l'Unité de 1'Eglise Catholique*. Paris, 1942.

(25) GORGE, D. *St. Cyprien – Textes traduits avec introduction et notes*. Namur, 1958.

(26) RÉVEILLAUD, M. *St. Cyprien – L'Oraison dominicale*. Paris, 1964.

Em italiano

(27) GIORDANI, I. *S. Cipriano – L'Unità della Chiesa Cattolica*. Roma, 1930.

(28) COLOMBO, S. *S. Cipriano: Opuscoli – Corona Patrum Salesiana*. Turim, 1935.

(29) GENNARO, M. *Cipriano:* Lettere Scelte – *Texto con traduzione e comento*. Catânia, 1953.

(30) STRAMONDO, G. *De Mortalitate di S. Cipriano – Texto e traduzione*. Catânia, 1955.

(31) FAILLA, C. *S. Cipriano: A Donato – L'Unità dela Chiesa: La Preghiera del Signore*. Roma, 1967.

Em espanhol

(32) NEVARES, R.M.; SCHLESINGER, M.R. *La Oración del Señor de S. Cipriano*. Buenos Aires, 1940.

(33) GUALLARD, M. *S. Cipriano: 30 cartas selectas*. Madri, 1946.

(34) VIZMANOS, F.B. Cipriano, *De Habitu Virginum*. *In*: *Las virgenes cristianas*. Madri, 1949, p. 649-666.

Em inglês

(35) THORNTON, C. Opusculos. *Library of Fathers*. 3. ed. Oxford, 1839.

(36) CAREY, H. Cartas. *In*: *Library of Fathers*. 17. ed. Oxford, 1844.

(37) BLAKENEY, E.H. *Cyprian's De Unitate Ecclesiae*. Londres, 1929.

(38) BÉVENOT, M. *St. Cyprian: The Lapsed – The Unit of the Church*. Londres, 1957.

(39) CONWAY, M.G.E. *T. Cecilii Cypriani de Bono Patientiae*. Washington, 1957.

Em alemão

(40) BAER, J. *Bibliothek der Kirchenväter*. Vol. 60. 2. ed. Kempten/Munique, 1928.

(41) BAER, J. *Bibliothek der Kirchenväter*. Vol. 34. 2. ed. Kempten/Munique, 1918.

(42) STEIDLE. B. *Des Bischofs Cyprian Hirtenschreiben*. Friburgo i. Br., 1939.

Obras gerais sobre São Cipriano

(43) MONCEAUX, P. *Histoire litteraire de l'Afrique chretienne*. Vol. II. Paris, 1902 [Bruxelas, 1966].

(44) MONCEAUX, P. *St. Cyprien, eveque de Cartage*. Paris, 1914.

(45) D'ALÈS, A. *La Théologie de St. Cyprien*. Paris, 1922.

(46) COLOMBO, S. S. Cipriano, vescovo di Cartagine, l'Uomo e lo scrittore. *Didaskaleion,* 1928, p. 1-80.

(47) HANSSEN, H. *Kultur und Sprache, Zur Geschichte der alten Kirche im Spiegel der Sprachentwicklung von Tertullian bis Cyprian*. Nijmegen, 1938.

(48) EHRHARDT, A. Cyprian, the Father of western Christianity. *Church Quarterly Review*, p. 178-196, 1941-1942.

(49) FICHTER, J.H. *St. Cecil Cyprian, Defender of the Faith*. São Luís, 1942.

(50) LUDWIG, J. *Der hl. Märtyrerbischof von Karthago*. Munique, 1951.

(51) CAPMANY, J. *"Miles Christi" en la Espirituatidad de S. Cipriano*. Barcelona, 1956.

(52) ARNS, P.E. Contribuição de S. Cipriano à Renovação Pastoral. *Revista Eclesiástica Brasileira*, p. 914-932, 1958.

(53) HERTELING, L. La figura umana e religiosa di S. Cipriano. *Civiltà Cattolica*, p. 449-462, 1959.

(54) CAPMANY, J. S. Cipriano, maestro y pastor en la persecución. *Estudios Eclesiásticos*, p. 275-302, 1959.

Estudos especiais sobre o *De Catholicae Ecclesiae unitate*

(55) CHAPMAN, J. Les Interpolations dans le traité de St. Cyprien sur l'Unité de l'Eglise. *Revue Bénédictine*, p. 246-254, 357-373, 1902; p. 26-51, 1903.

(56) KNELLER, C.A. Cyprianus Schrift von der Einheit der Kirche. *Zeitschrift für kathol. Theologie*, p. 280-303, 1912.

(57) KNELLER, C.A. Der hl. Cyprian and das Kennzeichen der Kirche. *Stimmen aus Maria Laach*, p. 31-71, 1914.

(58) VAN DEN EYNDE, D. La double édition du *De Unitate* de St. Cyprien. *Revue d'Histoire Ecclésiastique*, p. 5-24, 1933.

(59) LEBRETON, J. La double édition du *De Unitate* de St. Cyprien. *Recherches de Science Religieuse*, p. 456-467, 1934.

(60) ZAPELENA, T. Petrus origo unitatis. Apud S. CYPRIANUM. *Gregorianum*, p. 500-523, 1934; p. 196-224, 1935.

(61) BÉVENOT, M. St. Cyprian's de Unitate, ch. 4 in the light of the Manuscripts. *Analecta Gregoriana.* Roma, 1937 [Londres, 1939].

(62) LE MOYNE, J. St. Cyprien est-il bien l'Auteur de la Rédaction brève du De Unitate ch. 4? *Revue Bénédictine*, p. 70-115, 1953.

(63) PERLER, O. Le *De Unitate* ch. 4-5 interprété par St. Augustin. *Augustinus Magister, I-II.* Paris, 1954, p. 835-858.

(64) BÉVENOT, M. In solidum and St. Cyprian – De Unitate ch. V. *Journal of Theological Studies N.S.*, p. 244-248, 1955.

(65) BÉVENOT, M. Primatus Petro datur St. Cyprian on the Papacy. *Journal of Theological Studies N.S.*, p. 19-35, 1954.

(66) GOMEZ, J.M. *S. Cipriano y el Primado jurídico de Roma sobre la Iglesia Católica.* Dissertação de mestrado. Roma, 1958.

TEXTO

A unidade da Igreja Católica

1
Vigiai, o inimigo vem disfarçado

[1]"Vós sois o sal da terra" (Mt 5,13), diz o Senhor, e ainda nos recomenda que sejamos simples pela inocência e prudentes na simplicidade (Mt 10,16). Nada, pois, é mais importante para nós, irmãos diletíssimos, quanto vigiar com todo o cuidado para descobrir logo e, ao mesmo tempo, compreender e evitar as ciladas do inimigo traiçoeiro. Sem isso, embora sejamos revestidos de Cristo (Rm 13,14; Gl 3,27), que é a Sabedoria de Deus Pai (1Cor 1,24), nos mostraríamos menos sábios na defesa da salvação.

[2]De fato, não devemos temer só a perseguição e os vários ataques que se desencadeiam abertamente para arruinar e abater os servos de Deus. Quando o perigo é manifesto, a cautela é mais fácil. O nosso espírito está mais pronto para lutar contra um adversário abertamente declarado. É mais necessário ter medo e guardar-nos

do inimigo que penetra às escondidas, e se vai insinuando oculta e tortuosamente com falsas imagens de paz. Bem lhe convém o nome de serpente! Essa foi sempre a sua astúcia, esse foi sempre o tenebroso e pérfido engano com que tenta seduzir o homem.

[3]Já no começo do mundo mentiu e enganou as almas crédulas e ingênuas (dos nossos primeiros pais), acariciando-as com palavras falazes (Gn 3,1ss.). Igualmente ousou tentar a Cristo, nosso Senhor, e se aproximou dele insinuando, disfarçando, mentindo. Foi contudo desmascarado e repelido. Desta vez, foi derrotado porque foi reconhecido e descoberto (Mt 4,1ss.).

2
Acima de tudo: cumprir os mandamentos de Cristo

[1]Sirvam-nos estes exemplos. Evitemos o caminho do homem velho, para não cair no laço da morte. Sigamos as pisadas de Cristo vencedor, para que, usando cautela diante do perigo, alcancemos a verdadeira imortalidade.

²Mas como poderíamos chegar à imortalidade sem observar os mandamentos de Cristo? São eles os únicos meios para combater e vencer a morte. Ele nos avisa: "Se queres chegar à vida, observa os mandamentos" (Mt 19,17), e, de novo: "Se fizerdes o que vos mando, já não vos chamarei servos, mas amigos" (Jo 15,15).

³Esses são os que Ele diz serem fortes e firmes. Esses têm fundamento sólido na pedra, e gozam de inabalável resistência contra todas as tempestades e as rajadas do século. "Quem ouve as minhas palavras – diz Ele – e as cumpre é semelhante ao varão sábio que construiu a sua casa sobre a pedra. Desceu a chuva, desabaram as correntes, sopraram os ventos, batendo contra aquela casa, e ela não caiu porque fora fundada na pedra" (Mt 7,25).

⁴Devemos, pois, prestar atenção às suas palavras, devemos aprender e praticar o que Ele ensinou e o que fez. Como poderia asseverar que acredita em Cristo aquele que não cumpre o que Cristo mandou? E como conseguirá o prêmio da fé aquele que recusa a fé no que foi mandado?

Fatalmente ele irá vacilando, à ventura, e, arrastado pelo espírito do erro, será varrido como pó agitado pelo vento.

[5]Nunca poderão conduzir à salvação os passos daquele que não adere à verdade da única via que salva.

3
O demônio é o autor dos cismas

[1]Devemos, pois, guardar-nos, irmãos caríssimos, não só dos males que aparecem claramente como tais, mas também, como já disse, daqueles que nos enganam pela sutileza da astúcia e da fraude.

[2]Pois bem, vede agora a que ponto chega a astúcia e a sutileza do inimigo. Veio Cristo ao mundo. Veio a luz para os povos e resplandeceu para a salvação dos homens (Lc 2,32). Com isso ficou descoberto e derrotado o antigo adversário. Os surdos abrem os ouvidos às graças espirituais,

os cegos abrem os olhos a Deus, os enfermos ficam sãos ao ganhar a saúde eterna, os coxos correm à Igreja, os mudos soltam as suas línguas na oração (Mt 11,5; Lc 7,22). Aumenta dia a dia o povo fiel, abandonam-se os velhos ídolos, tornam-se desertos os seus templos.

³Então, o que faz o malvado? Inventa nova fraude para enganar os incautos com o próprio título do nome cristão. Introduz as heresias e os cismas para derrubar a fé, para contaminar a verdade e dilacerar a unidade. Assim, não podendo mais segurar os seus na cegueira da antiga superstição, rodeia-os, condu-los ao erro por novos caminhos. Rouba à Igreja os homens e, fazendo-lhes acreditar que alcançaram a luz e se subtraíram à noite do século, envolve-os ainda mais nas trevas: não observam a lei do Evangelho de Cristo e se dizem cristãos, andam na escuridão e pensam que possuem a luz, nisto são iludidos e lisonjeados pelo adversário, que, como diz o apóstolo, "se transfigura em anjo de luz" (2Cor 11,14).

⁴Disfarça seus ministros em ministros de justiça, ensina-lhes a dar à noite o nome de dia,

à perdição o nome de salvação; ensina-lhes a propalar o desespero e a perfídia sob o rótulo da esperança e da fé, a apregoar o anticristo com o nome de Cristo. Mestres na arte de mentir, diluem com as suas sutilezas toda a verdade.

[5]Isto acontece, irmãos caríssimos, porque não se bebe à fonte mesma da verdade, não se busca aquele que é a Cabeça, nem se observam os ensinamentos do Mestre celestial.

4
"Tu és Pedro, e sobre esta pedra..."[21]

[1]Quem presta atenção a estes ensinamentos não precisa de longo estudo, nem de muitas

---

21. Este capítulo, como o seguinte, toca pontos-chave da eclesiologia de São Cipriano. Depois do início, onde se lembram as palavras de Jesus a Pedro, os códices antigos apresentam o texto em duas formas, parcialmente diferentes: A, mais extensa e B, mais breve. Não foi descoberto nenhum indício que permita reconhecer qual seria a forma autêntica do autor. Desde o começo do século XX J. Chapman chegou à conclusão de que as duas formas teriam sido redigidas pelo próprio Cipriano,

demonstrações. A prova da nossa fé é fácil e compendiosa.

²Assim fala o Senhor a Pedro: "Eu te digo que tu és Pedro e sobre esta pedra edificarei a

---

talvez em circunstâncias diversas ou para diversos destinatários. Em todo caso, a forma B, que contém expressões mais favoráveis ao "primado", revela o mesmo estilo do autor e as expressões discutidas se encontram, no mesmo sentido, em outros escritos, certamente autênticos do santo. Cf. a Bibliografia, n. 55-66, esp. n. 55, 59 e 61. Será interessante, em ponto de tamanha importância, indicar as principais passagens paralelas: **a)** Cristo "instituiu uma só cátedra". Às vezes Cipriano usa o termo "cátedra" para significar o cargo episcopal. Cf. *Carta 49*, n. 1 (*PL*, III, col. 749), mas uma é *a cátedra* por excelência, a de Pedro. • *Carta 40*, n. 5: *Ad Plebem. In: PL*, IV, col. 354. • *Carta 52*, n. 8 e 9: *Ad Antonianum. In: PL*, III, col. 797 e 799. **b)** "O primado foi dado a Pedro". Deixando de lado o uso da palavra *primatus*, ao plural, para indicar a primogenitura de Esaú (*Carta 73,* n. 25. • *De Bono Patientiae*, cap. 19), ao menos duas vezes Cipriano usa este termo no mesmo sentido que na forma B deste 4º cap. Uma vez falando de Pedro (*Carta 71*, n. 3: *Ad Quintum. In: PL*, IV, col. 423), outra vez falando de Novaciano que, em Roma, presumiu usurpar o primado contra o legítimo Papa Cornélio (*Carta 76,* n. 8: *Ad Magnum. In: PL*, III, col. 1192). **c)** Pedro recebeu as "chaves" da Igreja (cf. *Carta 73*, n. 11. *In: PL*, 111, col. 1161). Quanto ao sentido exato destes termos em São Cipriano, cf. Introdução, VII e VIII.

minha Igreja e as portas dos infernos não a vencerão. Eu te darei as chaves do Reino dos Céus e tudo o que ligares na terra será ligado também nos céus, e tudo o que desligares na terra será desligado também nos céus" (Mt 16,18-19).

[Texto A, extenso]

[3]Sobre um só edificou a sua Igreja. Embora, depois da sua ressurreição, tenha comunicado igual poder a todos os apóstolos, dizendo: "Como o Pai me enviou, eu vos envio. Recebei o Espírito Santo, a quem perdoardes os pecados, eles lhe serão perdoados; a quem os retiverdes, eles lhe serão retidos" (Jo 20,21-23), todavia, para tornar manifesta a unidade, dispôs com a sua autoridade que a origem da unidade procedesse de um só.

[4]É verdade que os demais apóstolos eram o mesmo que Pedro, tendo recebido igual parte de honra e de poder, mas a primeira urdidura começa pela unidade a fim de que a Igreja de Cristo aparecesse uma só.

⁵O Espírito Santo, falando na pessoa do Senhor, designa esta Igreja única quando diz no Cântico dos Cânticos: "Uma só é a minha pomba, a minha perfeita, única filha da sua mãe e sem igual para a sua progenitora" (Ct 6,9).

⁶Aquele que não guarda esta unidade poderá pensar que ainda guarda a fé? Aquele que resiste e faz oposição à Igreja poderá confiar que ainda está na Igreja?

⁷Paulo apóstolo inculca o mesmo ensinamento e mostra o sacramento da unidade, dizendo: "Um só corpo e um só espírito, uma é a esperança da vossa vocação, um Senhor, uma fé, um batismo, um só Deus" (Ef 4,4-5).

[Texto B, resumido]

⁸E, depois da ressurreição, diz ao mesmo: "Apascenta as minhas ovelhas" (Jo 21,17). Sobre ele só constrói a Igreja e lhe manda que apascente as suas ovelhas. Embora comunique a todos os apóstolos igual poder, todavia institui uma só cátedra, determinando assim a origem da unidade.

[9]É verdade que os demais (apóstolos) eram o mesmo que Pedro, mas o primado é conferido a Pedro para que fosse evidente que há uma só Igreja e uma só cátedra. Todos são pastores, mas é anunciado um só rebanho, que deve ser apascentado por todos os apóstolos em unânime harmonia.

[10]Aquele que não guarda esta unidade, proclamada também por Paulo, poderá pensar que ainda guarda a fé? Aquele que abandona a cátedra de Pedro, sobre o qual foi fundada a Igreja, poderá confiar que ainda está na Igreja?

5
A Igreja única e universal: muitos são os raios, uma a luz...

[1]Esta unidade devemos guardar e exigir com firmeza, especialmente nós, bispos, que na Igreja presidimos, para dar prova de que o episcopado também é um e indiviso. Ninguém

engane os irmãos com mentiras, ninguém corrompa a pureza da fé com pérfidos desvios.

²Uma só é a ordem episcopal e cada um de nós participa dela completamente. Mas a Igreja também é uma, embora, em seu fecundo crescimento, se vá dilatando numa multidão sempre maior.

³Assim muitos são os raios do sol, mas uma só é a luz, muitos os ramos de uma árvore, mas um só é o tronco preso à firme raiz. E quando de uma única nascente emanam diversos riachos, embora corram separados e sejam muitos, graças ao copioso caudal que recebem, todavia permanecem unidos na fonte comum.

⁴Se pudéssemos separar o raio do corpo do sol, na luz assim dividida já não haveria unidade. Quando se quebra um ramo da árvore, o ramo quebrado já não pode vicejar. Se separamos um regato da fonte, ele secará.

⁵Igualmente a Igreja do Senhor, resplandecente de luz, lança seus raios no mundo inteiro, mas a sua luz, difundindo-se em toda a parte,

continua sendo a mesma e, de modo nenhum, é abalada a unidade do corpo.

⁶Na sua exuberante fertilidade, estende os seus ramos em toda a terra, derrama as suas águas em vivas torrentes, mas uma só é a cabeça, uma a fonte, uma a mãe, tão rica nos frutos da sua fecundidade. Do parto dela nascemos, é dela o leite que nos alimenta, dela o Espírito que nos vivifica.

6
Única Esposa de Cristo: não pode ter Deus por Pai quem não tem a Igreja por mãe

¹A Esposa de Cristo não pode tornar-se adúltera, ela é incorruptível e casta (cf. Ef 5, 24-31). Conhece só uma casa, observa, com delicado pudor, a inviolabilidade de um só tálamo. É ela que nos guarda para Deus e torna partícipes do Reino os filhos que gerou.

²Aquele que, afastando-se da Igreja, vai juntar-se a uma adúltera, fica privado dos bens

prometidos à Igreja. Quem abandona a Igreja de Cristo não chegará aos prêmios de Cristo. Torna--se estranho, torna-se profano, torna-se inimigo.

[3]Não pode ter Deus por Pai quem não tem a Igreja por mãe. Como ninguém se pôde salvar fora da arca de Noé, assim ninguém se salva fora da Igreja (cf. Mt 12,30).

[4]O Senhor nos alerta e diz: "Quem não está comigo está contra mim, quem comigo não recolhe, dissipa" (Mt 12,30). Quem rompe a paz e a concórdia de Cristo trabalha contra Cristo. Quem faz colheita alhures, fora da Igreja, esse dissipa a Igreja de Cristo.

[5]Diz ainda o Senhor: "Eu e o Pai somos um" (1Jo 5,7), e do Pai, do Filho e do Espírito Santo está escrito: "Estes três são um" (1Jo 5,7). Como poderá alguém pensar que esta unidade da Igreja, decorrente da própria firmeza da unidade divina, e tão conforme com este celeste mistério, pode ser rompida e sacrificada ao arbítrio de vontades opostas? Quem não observa esta

unidade não observa a Lei de Deus, não observa a fé do Pai e do Filho, não possui nem a vida, nem a salvação.

7
A túnica inconsútil de Cristo

[1]Este sacramento da unidade, este vínculo de concórdia inviolada e sem rachadura, é figurado também pela túnica do Senhor Jesus Cristo. Como lemos no evangelho, ela não foi dividida, nem, de modo algum, rasgada, mas sorteada. Isto quer dizer que, quem toma a veste de Cristo e tem a dita de se revestir do próprio Cristo (Rm 13,14; Gl 3,27), deve receber a sua túnica toda inteira e possuí-la intacta e sem divisão.

[2]Diz a Divina Escritura: "Quanto à túnica, visto que, desde a parte superior, era feita de uma única tecedura, sem costura alguma, disseram: não a dividamos, mas lancemos-lhe a sorte para ver a quem toca" (Jo 19,23-24). A unidade

da túnica derivava da sua parte superior – em nosso caso, do céu e do Pai celeste. Aquele que a recebia e guardava não podia rasgá-la de modo nenhum, de fato ela era resistente e sólida por ser constituída de um modo inseparável.

[3]Não pode possuir a veste de Cristo aquele que rasga e divide a Igreja de Cristo.

[4]O contrário aconteceu à morte de Salomão, quando o seu reino e o povo deviam ser divididos. O Profeta Aías, indo ao encontro do Rei Jeroboão no campo, cortou o seu manto em doze partes, dizendo: "Toma para ti dez partes, porque assim diz o Senhor: eis que eu divido o reino da mão de Salomão, a ti darei dez cetros e dois ficarão para ele, por causa do meu servo Davi e de Jerusalém, a cidade eleita em que eu pus o meu nome" (1Rs 11,30-36). Para separar as doze tribos de Israel, o profeta dividiu o seu manto.

[5]Mas o povo de Cristo não pode ser dividido, e por isso a sua túnica, que era um todo feito de uma só tecedura, não foi dividida por

aqueles que a deviam possuir. Ficando uma só, bem firme na sua contextura, ela mostra a união e a concórdia do nosso povo, isto é, daqueles que são revestidos de Cristo. Por este sinal sagrado da sua veste, proclamou ele a unidade da Igreja.

8
Figuras do Antigo Testamento: Raab, o cordeiro pascal

[1]Portanto, quem será tão celerado e pérfido, tão louco pelo furor da discórdia, para pensar como possível ou até para ousar romper a unidade de Deus, a veste do Senhor, a Igreja de Cristo?

[2]Ainda uma vez Ele nos avisa no evangelho: "E haverá um só rebanho e um só pastor" (Jo 10,16). E como se pode pensar que, num mesmo lugar, existam muitos pastores e muitos rebanhos?

[3]O Apóstolo Paulo, por sua vez, inculcando esta mesma unidade, suplica e exorta: "Rogo-vos,

irmãos, pelo nome de nosso Senhor Jesus Cristo, que todos digais as mesmas coisas e não se deem cismas entre vós. Sede unidos no mesmo sentimento e no mesmo pensamento" (1Cor 1,10). E de novo: "Sustentando-vos mutuamente no amor, esforçando-vos por conservar a unidade do Espírito na união da paz" (Ef 4,2-3).

[4] Achas tu que alguém pode afastar-se da Igreja, fundar, a seu arbítrio, outras sedes e moradias diversas e ainda perseverar na vida? Ouve o que foi dito a Raab, na qual era prefigurada a Igreja: "Recolhe teu pai, tua mãe, teus irmãos e toda a tua família junto de ti, na tua casa, e qualquer um que ouse sair fora da porta da tua casa, será ele próprio culpado da sua perda" (Js 2,18-19).

[5] Igualmente o sacramento da Páscoa (antiga), como lemos no Êxodo, exigia que o cordeiro, morto como figura de Cristo, fosse comido numa só casa. Eis as palavras de Deus: "Seja comido numa só casa, não jogueis fora da casa carne alguma dele" (Ex 12,46). A carne de Cristo,

o Santo do Senhor[22], não pode ser jogado fora. Para os que nele creem, não há outra casa a não ser a única Igreja.

[6]O Espírito Santo anuncia e significa esta casa, esta morada da união dos corações, dizendo nos Salmos: "Deus faz habitar na casa aqueles que são unânimes" (Sl 67,7). Na casa de Deus, na Igreja de Cristo, os moradores são unidos e perseveram na concórdia e na simplicidade.

9
A pomba, exemplo de sociabilidade e concórdia

[1]Por isto também o Espírito Santo desceu em forma de pomba (Mt 3,16; Mc 1,10), animal simples e alegre, sem amargura alguma de fel,

---

22. Esta expressão "o Santo do Senhor" (*Sanctum Domini*) é usual em São Cipriano e significa a Eucaristia. Os fiéis também, como membros santificados que integram o Corpo Místico de Cristo, não podem ficar "por fora", mas devem viver na unidade da sua Igreja visível.

incapaz de se enfurecer; não morde, não arranha com as unhas. Prefere as moradias dos homens e gosta de habitar numa mesma casa. Quando criam, as pombas cuidam dos filhotes juntamente; quando viajam, voam pertinho umas das outras. Passam o tempo em tranquilos arrulhos, manifestam a concórdia e a paz beijando-se no rosto. Enfim, em todas as coisas seguem a lei da boa harmonia.

[2]Esta é a simplicidade que deve reinar na Igreja, essa a caridade que devemos realizar: o amor fraternal imite as pombas, a mansidão e a brandura sejam iguais às dos cordeiros e das ovelhas.

[3]Como podem estar no coração de um cristão a ferocidade dos lobos, a raiva dos cães, o veneno mortífero das serpentes ou a crueldade sanguinária das feras?

[4]Devemos alegrar-nos quando os que têm esses sentimentos se separam da Igreja. Assim as pombas e as ovelhas de Cristo não serão

contagiadas pela sua maldade e pelo seu veneno. Não podem conciliar-se e juntar-se amargura e doçura, trevas e luz, chuva e céu sereno, guerra e paz, esterilidade e fecundidade, secura e manancial, tempestade e bonança.

[5]Não acreditem que os bons possam deixar a Igreja: não é o trigo que o vento carrega, o furacão não arranca as árvores que têm sólidas raízes. Ao contrário, são as palhas vazias que a tormenta agita, são as árvores vacilantes que a força dos turbilhões abate. Contra esses o apóstolo São João manifesta a sua repulsa, dizendo: "Saíram do nosso meio, mas não eram dos nossos. Se tivessem sido dos nossos, sem dúvida teriam ficado conosco" (1Jo 2,19).

10
Origem e maldade das heresias

[1]A origem de onde nasceram frequentemente e continuam nascendo as heresias é a

seguinte: há mentes perversas e sem paz, que, discordando em sua perfídia, não podem suportar a unidade. O Senhor, por seu lado, respeita a liberdade do arbítrio humano, permite e tolera que isto aconteça, a fim de que o crisol da verdade purifique os nossos corações e as nossas mentes, e, na provação, resplandeça com luz inequívoca a integridade da fé.

[2]O Espírito Santo nos previne, por meio do Apóstolo: "Convém que haja heresias para que entre vós se tornem manifestos os que resistem à prova" (1Cor 11,19). Assim, aqui mesmo, antes do dia do juízo, são divididas as almas dos justos e dos perversos e as palhas são separadas do trigo (cf. Mt 3,12; Lc 3,17).

[3]Esses são os que, por própria iniciativa e sem chamamento divino, se põem a encabeçar temerários grupinhos. Contra toda a lei da ordenação, se constituem superiores e, sem que ninguém lhes dê o episcopado, se atribuem a si mesmos o nome de bispos. A eles faz alusão o Espírito Santo, no Salmo, falando dos que estão

sentados em cátedras de pestilência (cf. Sl 1,1)[23], porque são peste infecciosa da fé. Mestres na arte de corromper a verdade, eles enganam com bocas de serpente, vomitando de suas línguas pestilentas peçonhas mortíferas. Os seus discursos brotam como chaga cancerosa, o trato com eles deixa no fundo de cada coração um veneno mortal.

11
O batismo cismático

[1]Contra esses homens brada o Senhor, para afastar ou retirar deles o seu povo desviado: "Não escuteis os sermões dos pseudoprofetas, porque vivem iludidos pelas alucinações do seu coração. Falam, mas não as palavras do Senhor. Aos que rejeitam a Palavra de Deus, dizem eles:

---

23. *In cathedra pestilentiae*, segundo o texto latino antigo usado por Cipriano. As traduções modernas, feitas diretamente do hebraico, dizem: "assembleia dos escarnecedores" ou dos protervos.

tereis a paz, vós e todos os que andam segundo as próprias vontades. Não virá mal algum, ainda sobre aqueles que seguem os erros do próprio coração. Eu não lhes falei e eles vão profetando. Se tivessem atendido ao meu conselho, ouvido as minhas palavras e as tivessem ensinado ao meu povo, eu os teria convertido dos seus perversos pensamentos" (Jr 23,16-22).

²E de novo fala deles o Senhor: "Abandonaram a mim, que sou a fonte da água-viva, e escavaram para si covas escuras, que nem podem dar água" (Jr 2,13)[24].

³Enquanto não pode haver senão um batismo, eles pensam que podem batizar. Abandonaram a fonte da vida e ainda prometem a graça da água que dá a vida e a salvação. Lá os homens não são purificados, mas, ao contrário, mais poluídos. Lá os pecados não são perdoados, mas,

---

24. Tradução literal do texto latino antigo. As versões tiradas do hebraico dizem: "cisternas fendidas, que não retêm a água".

antes, aumentados. Aquele nascimento não gera filhos para Deus, mas para o demônio[25].

[4]Os que pretendem nascer por meio da mentira não recebem absolutamente as promessas da verdade. Gerados pela perfídia, não alcançam a graça da fé. Aqueles que, no delírio da discórdia, quebraram a paz do Senhor, não podem chegar ao prêmio da paz.

12
"Onde dois ou três..." (Mt 18,20): interpretação errada e interpretação certa

[1]Alguns se enganam a si mesmos com uma presunçosa interpretação das palavras do Senhor, que disse: "Onde quer que se encontrem dois ou

---

25. Esta recusa geral do batismo dos hereges é a consequência lógica do pensamento de Cipriano, segundo o qual qualquer violação da unidade da Igreja significa perversão *total* da fé: per-fídia. Nem sempre isto acontece. Cf. Introdução, V e VI.

três reunidos em meu nome, eu mesmo estou com eles".

[2]São falsificadores do evangelho e intérpretes mentirosos. Apegam-se ao que é dito depois, esquecendo o que foi dito antes; lembram-se de uma parte da frase e, astutamente, deixam do lado a outra. Assim como eles se separaram da Igreja, do mesmo modo truncam o sentido de uma única sentença.

[3]De fato, o que queria dizer nosso Senhor? Para inculcar aos seus discípulos a união e a paz, diz Ele: "Eu vos afirmo que, se dois de vós concordarem na terra em pedir qualquer coisa, ela lhes será outorgada por meu Pai que está nos céus" (Mt 18,19). E continua: "Onde quer que se encontrem dois ou três reunidos em meu nome, eu mesmo estou com eles", mostrando que o que mais vale na oração não é o número dos que oram, mas a sua união de espírito.

[4]"Se dois de vós concordarem na terra", diz Ele. Antes exige a união, põe na frente a paz: o

seu primeiro e mais firme preceito é que entre nós haja acordo. E como poderá estar de acordo com alguém aquele que está em desacordo com o corpo da Igreja e a totalidade dos irmãos?

[5]Como poderão estar reunidos dois ou três em nome de Cristo, se é patente que estão separados de Cristo e do seu evangelho? De fato, não somos nós que nos apartamos deles, mas eles de nós. E quando, em seguida, formando entre si vários grupos, deram origem a heresias e cismas, abandonaram a cabeça e a fonte da verdade.

[6]O Senhor quer falar da sua Igreja e dirige aquelas palavras àqueles que estão na Igreja, dizendo que, se dois ou três *deles* estiverem concordes, como Ele ensinou e mandou, e se reunirem em um só espírito para rezar, embora sejam só dois ou três, impetrarão da majestade de Deus o que pedem.

[7]"Onde quer que se encontrem reunidos em meu nome dois ou três, eu mesmo estou com eles", quer dizer com os simples, com os pacíficos,

com os que temem a Deus e observam os seus preceitos. Com esses, ainda que não fossem mais do que dois ou três, prometeu que estaria, assim como esteve com os três jovens na fornalha ardente, e, porque permaneciam simples com Deus e unidos entre si, até no meio das chamas, os animou com uma brisa de orvalho (Dn 3,50).

[8]Do mesmo modo esteve presente aos dois apóstolos encerrados na cadeia, porque eram simples e unânimes. Ele mesmo abriu as portas do cárcere e os conduziu de novo à praça para que pregassem à multidão a palavra que tão fielmente anunciavam[26].

[9]Por conseguinte, quando o Senhor coloca entre os seus preceitos estas palavras: "Onde quer que se encontrem dois ou três reunidos em meu

---

26. Aqui São Cipriano junta vários elementos da primeira pregação dos apóstolos em Jerusalém: os dois apóstolos, Pedro e João diante do Conselho (At 4,18-23), a união entre os primeiros cristãos (At 4,32), a libertação dos apóstolos do cárcere por meio de um anjo (At 5,19-20). Cf. tb. a libertação de Paulo e Silas (At 16,29).

nome, eu mesmo estou com eles", não quer separar os homens da Igreja, pois Ele mesmo instituiu e formou a Igreja; mas ao contrário, repreendendo os pérfidos pela discórdia e encarecendo, com a sua própria voz, a paz aos fiéis, quer mostrar que Ele está mais com dois ou três que oram unânimes, do que com muitos que oram na dissidência, e que obtém mais a prece concorde de poucos do que a oração sediciosa de muitos[27].

13
Não achará a Deus propício quem não está em paz com o irmão

[1]Por isso, quando ensinou o modo de orar, acrescentou: "Quando estiverdes em pé

---

27. Toda essa explicação reduz-se a isto: a união, em si, é coisa boa e louvável, mas a união dos maus para fins perversos só aumenta a sua malícia. Igualmente a união de um grupo particular com prejuízo da totalidade ou em antagonismo com uma unidade inviolável de ordem superior não possui mais o valor moral e evangélico da união-caridade. Antes de ser união ela é separação e desunião.

para orar, perdoai, se por acaso tendes mágoa contra alguém, a fim de que o vosso Pai que está nos céus vos perdoe também os pecados" (Mc 11,25). E se alguém vier ao sacrifício, estando de mal com alguém, Ele o afasta do altar e ordena que, antes, ponha-se de acordo com o irmão, e só depois volte em paz para oferecer a Deus a sua dádiva (cf. Mt 5,24).

²Deus não olhou aos presentes de Caim (cf. Gn 4,5), porque aquele que, pelo rancor da inveja, não tinha paz com o irmão, não podia encontrar a Deus propício.

³Que espécie de paz podem pretender os inimigos dos irmãos? Que sacrifício pensam eles oferecer, enquanto não são rivais dos sacerdotes?[28]

---

28. O termo "sacerdote", em São Cipriano e seus contemporâneos, era genérico, indicando bispo ou presbíteros ou, de uma vez, uns e outros. Assim na história do martírio de São Sixto II e de São Lourenço († 258), lemos que este se dirige àquele: "Para onde vais, meu pai, sem o filho? Para onde vais, *sacerdote* santo, sem o teu ministro?" (Cf. *Breviário Romano*, dia 10 de agosto).

Julgam que Cristo esteja presente nas suas reuniões, enquanto se reúnem fora da Igreja de Cristo?

14
Nem o martírio lava a mancha da discórdia

[1]Ainda que esses homens fossem mortos pela confissão do nome cristão, o seu sangue não lavaria esta mancha. O pecado da discórdia é tão grande e tão imperdoável, que não se apaga nem pelos tormentos. Não pode ser mártir quem não está na Igreja, não pode alcançar o Reino quem abandonou aquela que nasceu para reinar.

[2]Cristo nos deu a paz. Ele nos mandou que fôssemos concordes e unidos, ordenou que os laços do amor e da caridade fossem conservados intactos e sem rachadura. Não pode iludir-se de ser mártir aquele que não conservou a caridade fraterna.

[3]O Apóstolo Paulo ensina e testemunha isto mesmo quando diz: "Ainda que eu tivesse

fé para remover as montanhas, mas não tivesse a caridade, eu nada seria, ainda que distribuísse em alimento dos pobres tudo o que é meu, e entregasse o meu corpo às chamas, mas não tivesse a caridade de nada adiantaria[29]. A caridade é magnânima, a caridade é benigna, a caridade não rivaliza, não faz mal, não se pavoneia, não se irrita, não pensa com maldade; tudo ama, tudo crê, tudo espera, tudo suporta. A caridade jamais termina" (1Cor 13,1-9).

[4]A caridade nunca termina, ela estará sempre no Reino, durará eternamente pela unidade dos irmãos em mútua harmonia. A discórdia não entra no Reino dos Céus. Quem, com pérfida divisão, violou a caridade de Cristo, não poderá

---

29. É claro que essas hipóteses do Apóstolo são hiperbólicas; constituem um recurso estilístico para salientar a primazia da caridade. Hiperbólica e irreal é também a hipótese de São Cipriano. Nas disposições de alma por ele expostas – discórdia pertinaz, perfídia em lugar da fé, ausência de caridade – ninguém estaria pronto a enfrentar o martírio cristão. Só, talvez, um louco fanático, no transe da ostentação.

chegar aos prêmios do mesmo Cristo, que disse: "Este é o meu mandamento, que vos ameis mutuamente como eu vos amei" (Jo 15,12).

⁵Quem vive sem caridade está sem Deus. Eis a voz do bem-aventurado Apóstolo João: "Deus é amor. Quem permanece no amor permanece em Deus e Deus nele" (1Jo 4,16). Não podem permanecer com Deus os que não quiseram estar unidos na Igreja de Deus. Ainda que, lançados no fogo, fossem consumidos pelas chamas ou perdessem a vida sendo expostos às feras, tudo isto não seria uma coroa da fé, mas, antes, um castigo da sua perfídia; não seria o desfecho glorioso de uma vida religiosa intrépida, mas um fim sem esperança.

⁶Um homem assim poderia ser morto, mas não coroado. Ele confessa que é cristão do mesmo modo que o diabo, muitas vezes, engana dizendo ser ele o Cristo. Escutemos o aviso do Senhor: "Muitos virão com o meu nome, dizendo: sou eu o Cristo, e enganarão a muitos"

(Mc 13,16). Como o diabo não é Cristo, embora tome este nome, assim não pode passar por cristão aquele que não permanece na verdade do evangelho e na fé de Cristo.

15
A lei do amor e a unidade

[1]É certamente coisa incomum e admirável profetizar, expulsar demônios e fazer obras portentosas aqui na terra, mas quem faz todas essas coisas não conseguirá o reino celeste se não anda no caminho reto e certo.

[2]Ouçamos ainda o Senhor: "Muitos me dirão naquele dia: Senhor, Senhor, não te lembras que em teu nome profetizamos e em teu nome expulsamos demônios e em teu nome fizemos obras portentosas? Eu porém lhes direi: jamais vos conheci, apartai-vos de mim, vós que praticais a iniquidade" (Mt 7,21-23). É necessária a justiça para que alguém possa ser premiado

por Deus. É necessário obedecer aos seus mandamentos e aos seus avisos, para que os nossos méritos alcancem a recompensa.

[3]O Senhor, no evangelho, querendo mostrar-nos em breve resumo a senda da nossa fé e da nossa esperança, disse: "O Senhor, teu Deus, é um só", e continua: "Amarás ao Senhor, teu Deus, de todo o teu coração, de toda a tua alma, de todas as tuas forças" (Mc 12,29-31). "Eis o primeiro mandamento. O segundo é semelhante a ele: amarás ao teu próximo como a ti mesmo. Nestes dois preceitos funda-se toda a lei e também os profetas" (Mt 22,39-40).

[4]Com a sua autoridade ensinou, ao mesmo tempo, a unidade e o amor. Em dois preceitos compendiou a lei e todos os profetas. Mas que unidade observa, que amor pensa praticar aquele que, como doido pelo furor da discórdia, divide a Igreja, destrói a fé, perturba a paz, aniquila a caridade, profana o sacramento?

16
Essas aberrações foram preditas

[1]Este mal, ó irmãos fidelíssimos, já havia começado algum tempo atrás; mas agora, como triste calamidade, foi crescendo dia a dia e a venenosa praga da heresia e dos cismas aparece e pulula sempre mais. Assim deve acontecer no fim do mundo, como nos vaticina e nos avisa o Espírito Santo por meio do Apóstolo: "Nos últimos dias, diz ele, chegarão tempos difíceis e haverá homens que só buscam os próprios gostos, soberbos, arrogantes, avarentos, blasfemos, desobedientes aos pais, ingratos, desalmados, sem afeição e sem respeito de compromisso, caluniadores, incontinentes, violentos, sem nenhum amor ao bem, traidores, atrevidos, estupidamente altivos, amando mais os prazeres do que Deus, ostentando um verniz de religiosidade, mas conculcando todo valor religioso. Deles são os que se insinuam nas casas e conquistam mulherzinhas carregadas de pecados, que se deixam levar

por várias volúpias e se mostram sempre curiosos de saber, mas nunca chegam ao conhecimento da verdade. E como Jamnes e Mambres fizeram resistência contra Moisés, assim estes resistem à verdade. Mas não serão bem-sucedidos, porque a sua incapacidade será a todos manifesta, como aconteceu àqueles" (2Tm 3,1-9)[30].

[2]Tudo o que tinha sido preanunciado se está cumprindo e, enquanto se aproxima o fim do mundo, tudo se realiza nas pessoas e nos acontecimentos[31].

---

30. Jamnes e Mambres ou Jambres, segundo a tradição hebraica, seriam os nomes de dois feiticeiros que rivalizaram com Moisés e Aarão por ocasião das pragas do Egito. Os seus nomes só se encontram nesta passagem de São Paulo.

31. Nosso Senhor disse que os cataclismos da natureza e as manifestações da maldade humana são sinal de que este mundo vai acabar. Acrescentou porém que ninguém sabe o tempo e o dia (cf. Mt 24,36; Mc 13,32; 1Ts 5,1-2). São Cipriano, como muitos nos primeiros séculos, e também mais tarde, por ex., São Gregório Magno, São Vicente Ferrer, baseados nesses mesmos trechos, pensaram que, mesmo em termos de cronologia histórica, o fim do mundo estivesse próximo.

³O adversário está solto. Cada vez mais, o erro vai espalhando os seus enganos. A insensatez gera orgulho, arde a inveja, a cobiça chega até à cegueira, a impiedade deprava, a soberba incha, a discórdia exaspera, a ira enfurece.

17
Não ceder ao escândalo; evitar os hereges

¹Porém não nos impressione nem perturbe essa desmedida e temerária perfídia de muitos. Ao contrário, torne-se mais forte a nossa fé ao constatarmos a verdade do que foi profetizado. Alguns fizeram-se traidores, porque assim fora predito; os demais irmãos, em virtude da mesma profecia, acautelem-se contra essas coisas, escutando a voz do Senhor, que diz: "Vós, porém, acautelai-vos, porque eis que eu vos predisse tudo" (Mc 13,23).

²Evitai, pois, eu vo-lo peço, irmãos, esses homens e repeli de vosso lado e de vossos ouvidos

suas perniciosas conversas, como se repele um contágio mortífero. Está escrito: "Cerca os teus ouvidos com uma sebe de espinhos e não ouças a língua maldosa" (Eclo 28,24). E ainda: "As péssimas conversas corrompem até as pessoas de boa índole" (1Cor 15,33). O Senhor nos recomenda que evitemos essa gente. "São cegos, diz Ele, e guias de cegos. Quando é um cego que conduz outro cego, caem juntos na fossa" (Mt 15,14).

[3]Convém estar longe e fugir de qualquer um que se separou da Igreja[32]. É um transvia-

---

32. A sua culpa não consiste tanto em estar fora da Igreja e sem fé (*in-fidelis*), mas em ter saído da Igreja e teimar numa fé espúria e pervertida (*per-fidia*). São Cipriano, aqui e em outras passagens dos seus escritos, pode parecer intolerante. Mas ter fé certa e firme na revelação divina não é intolerância. Proteger essa fé das infiltrações do erro ou da dúvida é dever de prudência, especialmente em quem tem responsabilidade de pastor. Única ressalva deve ser feita aos termos violentos que o santo usa e que hoje seriam por demais ofensivos. Neles porém, mais do que indignação, sente-se a amargura e a angústia de um pai pela ingratidão e a obstinação de filhos transviados.

do, um culpado, ele se condena por si próprio (cf. Tt 3,11). Poderá pensar que está com Cristo aquele que está tramando contra os sacerdotes de Cristo e se separa da comunidade do seu clero e do seu povo? Ele levanta armas contra a Igreja e resiste às ordens de Deus. Adversário do altar, rebelde contra o sacrifício de Cristo, traidor na fé, sacrílego na religião, servo intratável, filho ímpio, irmão inimigo, despreza os bispos e abandona os sacerdotes de Deus e ousa erguer um outro altar, pronunciar com voz ilícita uma outra prece, profanar, com falsos sacrifícios, a Hóstia do Senhor, e esquece que aquele que vai contra as ordens de Deus será punido com os divinos castigos pela sua atrevida audácia.

18
Castigos dos profanadores do culto

[1]Assim Coré, Datã e Abirão receberam, sem demora, o castigo da sua presunção, porque, violando as ordens de Moisés e do sacerdote

Aarão, pretenderam usurpar o direito de oferecer sacrifícios (cf. Nm 16,31-35). A terra perdeu a sua firmeza, fendeu-se numa profunda voragem, e o chão, assim aberto, os engoliu vivos e em pé. A justiça indignada de Deus não atingiu só os autores daquele gesto, mas também os outros duzentos e cinquenta, seus companheiros, que foram cúmplices e solidários com eles. De repente saiu do Senhor um fogo punitivo e os consumiu. Isto deve valer como demonstração e sinal de que foi ofensa contra Deus tudo o que aqueles perversos tentaram, com suas vontades humanas, para frustrar as ordens do próprio Deus.

[2]Assim aconteceu também ao Rei Ozias, quando segurou o turíbulo e, com violência, pretendeu oferecer ele mesmo o incenso, violando a Lei de Deus e desobedecendo ao sacerdote Azarias, que a isto se opunha (cf. 2Cr 26,16-20). Lá mesmo foi confundido pela divina indignação e acometido por uma espécie de lepra na fronte. Pela sua ofensa a Deus, foi punido justamente naquela parte do corpo, onde recebem o sinal (da cruz) os eleitos de Deus.

³Também os filhos de Aarão, por ter colocado no altar um fogo profano, contra os preceitos do Senhor, foram mortos no mesmo instante pela divina vingança (cf. Lv 10,1-2; Nm 3,4).

19
Menos grave é o pecado dos lapsos[33]

¹São esses os exemplos que seguem e imitam os que buscam doutrinas estranhas, introduzem ensinamentos de invenção humana e desprezam a divina tradição. A eles aplicam-se as repreensões e as censuras do evangelho: "Rejeitais o mandamento de Deus para apegar-vos à vossa própria tradição" (Mc 7,9).

²Este crime é pior do que o pecado dos lapsos, ao menos se falarmos dos que estão

---

33. Eram chamados lapsos os cristãos que durante a perseguição tinham sacrificado incenso aos ídolos, o que significava renúncia à fé. Para serem reintegrados na comunidade da Igreja deviam submeter-se às penitências prescritas, bastante graves e prolongadas. Cf. Introdução, II.

arrependidos e rogam a Deus perdão dos seus pecados, dispostos a dar completa satisfação. Os lapsos, com súplicas, procuram a Igreja; os cismáticos combatem-na. Os primeiros podem ter sido vítimas de alguma pressão, os segundos erram no pleno uso da sua liberdade. O lapso, pecando, se prejudicou unicamente a si mesmo, ao passo que aquele que tenta criar heresias e cismas engana a muitos, arrastando-os à sua seita. Lá há detrimento de uma só alma, aqui o perigo é de muitos. O lapso reconhece que certamente pecou, disso se lamenta e chora; o cismático, cheio de orgulho no seu coração e comprazendo-se dos seus próprios erros, arranca os filhos à mãe, afasta, com aliciamentos, as ovelhas do Pastor, arrasa os divinos sacramentos.

[3]O lapso pecou só uma vez, o outro continua pecando a cada dia. Por fim, o lapso, mais tarde, poderá enfrentar o martírio e conseguir as promessas do Reino; o cismático, ao contrário, se for morto enquanto está fora da Igreja, não alcançará os prêmios da Igreja.

20
Confessores que não perseveraram[34]

¹Não deveis estranhar, irmãos diletíssimos, que até entre os confessores haja alguns que caíram nestes crimes. Acontece também que alguns deles cometam outros pecados graves e vergonhosos. A confissão da fé não torna uma pessoa imune das ciladas do demônio. A quem ainda vive neste mundo ela não comunica uma perpétua segurança contra as tentações, os perigos e o ímpeto dos ataques mundanos. Se assim fosse, não veríamos, em confessores, os roubos, os estupros e os adultérios, que agora, com imensa tristeza, devemos lamentar em alguns deles.

---

34. Eram "confessores" os cristãos que tinham afirmado a sua fé diante dos perseguidores, suportando, por isso, cárceres e tormentos, mas não tinham sido condenados à morte. Cf. Introdução, II. Alguns deles, em Cartago, simpatizaram com o laxismo de Novato e pretendiam, em virtude da sua confissão, o direito de dar aos lapsos uma espécie de aval espiritual para que fossem recebidos na comunhão da Igreja sem as penitências prescritas. Essa insubordinação levou alguns até a se juntar abertamente às fileiras dos cismáticos.

²Quem quer que seja um confessor, ele não poderá ser maior, melhor e mais amigo de Deus do que Salomão. Entretanto, este, durante o tempo em que se manteve nos caminhos do Senhor, conservou a benevolência com que o mesmo Senhor o tinha favorecido, mas quando se desviou destes caminhos, perdeu também a benevolência do Senhor (1Rs 11,9).

³Por isto diz a Escritura: "Segura o que tens, para que um outro não tome a tua coroa" (Ap 3,11). Se lá o Senhor ameaça tirar a alguém a coroa da justiça, é sinal de que quem renuncia à justiça fica privado também da coroa.

21
A honra da "confissão" aumenta o dever do bom exemplo

¹A confissão da fé é um preâmbulo da glória, mas não é ainda a posse da coroa. Não é a glória definitiva, mas só o início do mérito. Está escrito: "O que perseverar até o fim, este será

salvo" (Mt 10,22). Tudo, pois, o que fazemos antes do fim é só um passo com o qual vamos subindo ao monte da salvação, mas só ao fim da subida chegaremos à posse perfeita do cume.

[2]Trata-se de um confessor? Ora, depois da confissão da fé, o perigo torna-se maior, porque o adversário está mais enraivecido contra ele.

[3]É confessor? Por isso, mais do que nunca, deve permanecer fiel ao evangelho do Senhor, ele que pelo evangelho conseguiu esta honra. Diz o Senhor: "A quem muito é dado, muito será pedido; e a quem é concedida maior dignidade, deste se exigem maiores serviços" (Lc 12,48). Ninguém se deixe levar à perdição pelo mau exemplo de algum confessor. Ninguém aprenda, do seu modo de proceder, a injustiça, a arrogância ou a perfídia.

[4]É confessor? Seja humilde e tranquilo em todo o seu comportamento, seja disciplinado e modesto, de modo que, como é chamado confessor de Cristo, imite também aquele Cristo

que confessa "Quem se exalta será humilhado e quem se humilha será exaltado" (Lc 18,14). Assim disse Ele, e foi exaltado pelo Pai, porque, sendo Ele a Palavra, a Virtude e a Sabedoria de Deus Pai, se humilhou a si mesmo na terra. E como poderia amar a altivez, Ele que, com a sua lei, nos preceituou a humildade, e, em prêmio da sua humildade, recebeu do Pai o nome mais sublime? (cf. Fl 2,9).

[5]Alguém foi confessor de Cristo? Muito bem, mas, depois, por sua culpa, não sejam blasfemadas a majestade e a santidade do próprio Cristo. A língua que confessou a Cristo não seja maldizente nem sediciosa, não se ouça vociferando em altercações e brigas; depois de palavras tão divinas de louvor não vá vomitando veneno de serpente contra os irmãos e contra os sacerdotes de Deus.

[6]Em suma, se alguém, depois da confissão, se tornou culpável e detestável, se aviltou a sua confissão com maus comportamentos, se manchou a sua vida com torpezas indignas, se, afinal, abandonou a Igreja, na qual se tornara confessor,

e, quebrando a harmonia da unidade, trocou a fé de então com a perfídia, um tal homem não pode lisonjear-se, presumindo da sua confissão, de ser como que predestinado ao prêmio da glória. Ao contrário, por isso mesmo aumentaram seus títulos para o castigo.

22
Elogio dos confessores

[1]Vemos também que chamou a Judas entre os apóstolos, e este Judas, em seguida, traiu o Senhor. A fé e a perseverança dos apóstolos não esmoreceram pelo fato de que Judas traidor tinha pertencido ao seu grupo. Igualmente em nosso caso: a santidade e a dignidade dos confessores não ficam destruídas se naufragou a fé em alguns deles.

[2]O bem-aventurado Apóstolo Paulo diz numa das suas cartas: "Se alguns decaíram da fé, será que a sua infidelidade tornou vã a fidelidade de Deus? De modo algum. De fato, Deus é

verídico e todo homem é mentiroso" (Rm 3,3-4; Sl 115,11).

[3] A maioria e a parte melhor dos confessores mantêm-se no vigor da sua fé e na verdade da lei e da disciplina do Senhor. Lembrando-se de ter alcançado a graça e a benevolência de Deus na Igreja, não se afastam da paz da mesma Igreja. Nisto merecem mais amplo louvor pela sua fé, porque, desligando-se da perfídia daqueles que já foram seus companheiros na confissão, resistiram ao contágio do mal. Iluminados pela luz verdadeira do evangelho, brilhando na pura e cândida claridade do Senhor, mostram-se tão dignos de encômio na conservação da paz de Cristo, quanto o foram no combate, quando se tornaram vencedores do demônio.

23
Apelo aos que foram enganados

[1]Quanto a mim, irmãos diletíssimos, não deixo de exortar e insistir, porque desejo que, se for

possível, nenhum dentre os irmãos pereça, e a mãe feliz (a Igreja) abranja no seu regaço o seu povo, unido na concórdia como um só corpo. Se, todavia, este salutar conselho não consegue reconduzir ao caminho da salvação certos chefes de cismas e certos autores de dissensão, preferindo eles obstinar-se em sua cega demência, ao menos os demais, os que foram surpreendidos na sua simplicidade, ou se deixaram desviar por algum equívoco, ou foram enganados pelo ardil de uma astúcia dissimulada, ao menos vós sacudi os laços falaciosos, livrai dos erros os vossos passos extraviados, sabei reconhecer o caminho reto que conduz ao céu.

[2]Ouvi a voz do apóstolo, que clama: "Em nome de nosso Senhor Jesus Cristo, nós vos mandamos, diz ele, que vos afasteis de todos os irmãos que andam desordenadamente e não segundo a tradição que receberam de nós" (2Ts 3,6). E de novo: "Ninguém vos engane com vãs palavras. Por causa disso veio a ira de Deus sobre os filhos da contumácia. Não estejais, pois, ao lado deles" (Ef 5,6-7).

³Deveis evitar os delinquentes e até fugir deles, para que não aconteça que, juntando-se aos que trilham os caminhos do erro e do crime, alguém se desvie também da verdade e se torne culpado de igual delito.

⁴Deus é um, Cristo é um, uma é a sua Igreja, uma a fé e o povo (cristão) é também um, aglutinado pela concórdia como na compacta unidade de um corpo. Esta unidade não pode ser quebrada. Um corpo não pode ser dividido, desarticulando as suas junturas. Não pode ser reduzido a pedaços, dilacerando e arranhando as suas vísceras. Tudo o que se separa do centro vital não pode continuar a viver ou a respirar porque fica privado do alimento indispensável à vida.

24
Bem-aventurados os pacíficos

¹O Espírito Santo assim nos fala: "Quem é o homem que quer viver e deseja ver dias

excelentes? Refreia do mal a tua língua, e os teus lábios não falem insidiosamente. Evita o mal e faze o bem, busca a paz e segue-a" (Sl 33,13-15). O filho da paz deve buscar a paz, deve procurá-la. Quem conhece e ama o vínculo da caridade deve guardar a sua língua do flagelo da dissensão.

[2]O Senhor, já próximo à paixão, entre outros preceitos e ensinamentos salutares, acrescentou o seguinte: "Eu vos entrego a paz, eu vos dou a minha paz" (Jo 14,27). Esta é a herança que nos deixou. Todos os dons e todos os prêmios das suas promessas estão incluídos nisto: a inviolabilidade da paz.

[3]Se somos coerdeiros de Cristo (cf. Rm 8,17), permaneçamos na paz de Cristo. Se somos filhos de Deus, sejamos pacíficos. "Bem-aventurados os pacíficos, diz, porque serão chamados filhos de Deus" (Mt 5,9). Convém, pois, que os filhos de Deus sejam pacíficos, mansos de coração (At 4,32), simples quando falam, concordes nos afetos, sempre ligados uns aos outros pelos laços da unidade de espírito.

25
O exemplo dos primeiros cristãos

[1]Essa unidade reinou ao tempo dos apóstolos e a nova plebe, o povo dos que acreditaram, guardava os preceitos do Senhor e ficava fiel à sua caridade. Prova-o a Divina Escritura, dizendo: "A multidão daqueles que acreditaram se comportava como se fossem todos uma só alma e uma só mente" (At 4,32).

[2]E antes: "Estavam perseverando todos unânimes na oração com as mulheres e Maria, a mãe de Jesus, e seus irmãos" (At 1,14). Por isto oravam de modo eficaz e podiam confiar em alcançar o que estavam pedindo à misericórdia divina.

26
Exortação para uma vida cristã integral

[1]Entre nós, ao contrário, esta união está demasiado relaxada, e ao mesmo tempo aparece muito enfraquecida a generosidade nas obras (boas). Então vendiam as suas casas e as suas

propriedades e entregavam o preço aos apóstolos, para que fosse distribuído aos pobres: assim colocavam seus tesouros no céu (cf. Mt 6,19). Hoje nem se dão os dízimos dos patrimônios e, enquanto o Senhor diz "vendei" (cf. Lc 12,33), nós preferimos comprar e possuir mais. Como, entre nós, murchou o vigor da fé, como esmoreceu a força daqueles que creem!

²Por isto o Senhor, falando destes nossos tempos, diz no evangelho: "Quando vier o Filho do Homem, pensas que encontrará fé na terra"? (Lc 18,8). Vemos que está acontecendo o que Ele predisse. No que diz respeito ao temor de Deus, à lei da justiça, ao amor, às obras, não há mais fé. Ninguém se preocupa com as coisas que hão de vir, ninguém pensa no dia do Senhor, na ira de Deus, nos futuros suplícios dos incrédulos, nos eternos tormentos destinados aos pérfidos. Se crêssemos, a nossa consciência teria medo de tudo isto. Se não temos medo é sinal de que não cremos. Quem acredita se acautela, quem se acautela se salva.

³Despertemos, irmãos diletíssimos, quebremos o sono da inércia rotineira e, por quanto for

possível, sejamos vigilantes em guardar e cumprir os preceitos do Senhor. Sejamos prontos, como Ele diz: "Estejam cingidos os vossos rins, e as lâmpadas acesas nas vossas mãos, e vós, sede semelhantes a homens que esperam o seu dono, quando voltar das núpcias, para lhe abrirem logo que Ele chegar e bater. Bem-aventurados os servos que o Senhor, chegando, encontrar vigilantes" (Lc 12,35-37). É necessário que estejamos cingidos, a fim de que, quando vier o dia da partida, não sejamos surpreendidos cheios de impedimentos e de embaraços. Fique sempre viva a nossa luz e brilhe em boas obras, para nos guiar da noite deste mundo aos esplendores da claridade eterna. Sempre solícitos e cautos, fiquemos à espera da chegada repentina do Senhor. Quando Ele bater, encontre a nossa fé vigilante com uma tal vigilância que mereça receber o prêmio do mesmo Senhor.

[4]Se forem observados esses mandamentos, se forem postas em prática essas exortações, não acontecerá que sejamos vencidos, no sono, pela falácia do demônio, mas, como servos bons e vigilantes, reinaremos com Cristo glorioso.

Índice escriturístico

Antigo Testamento

Gênesis
3,1ss.: cap. 1,3
4,5: cap. 13,2

Êxodo
12,46: cap. 8,5

Levítico
10,1-2: 18,3

Números
3,4: cap. 18,3
16,31-35: cap. 18,1

Josué
2,18ss.: cap. 8,4

1Reis
11,9: cap. 20,2
11,31-36: cap. 7,4

2Crônicas
26,16-20: cap. 18,2

Salmos
1,1: cap. 10,3
33,13-15: cap. 24,1
67,7: cap. 8,6
115,11: cap. 22,2

Cântico dos Cânticos
6,9: cap. 4,5

Eclesiástico
28,24: cap. 17,2

Jeremias
2,13: cap. 11,2
23,16-22: cap. 11,1

Daniel
3,50: cap. 12,7

Novo Testamento

Mateus
3,12: cap. 10,2

3,16: cap. 9,1
4,1ss.: cap. 1,3
5,9: cap. 24,3
5,13: cap. 1,1
5,24: cap. 13,1
6,19s.: cap. 26,1
7,22s.: cap. 15,2
7,25: cap. 2,3
10,16: cap. 1,1
10,22: cap. 21,1
11,5: cap. 3,2
11,29: cap. 24,3
15,14: cap. 17,2
16,18-19: cap. 4,2
18,19-20: cap. 12,1ss.
19,17: cap. 2,2
22,39-40: cap. 15,3
24,36: cap. 16,2

Marcos
1,10: cap. 9,1
7,9: cap. 19,1
11,25: cap. 13,1
12,29-31: cap. 15,3
13,6: cap. 14,6
13,23: cap. 17,1
13,32: cap. 16,2

Lucas
2,32: cap. 3,2
3,17: cap. 10,2
7,22: cap. 3,2
12,33: cap. 26,1
12,35-37: cap. 26,3
12,48: cap. 21,3
18,8: cap. 26,2
18,14: cap. 21,4

João
7,37: intr. VII,4
10,16: cap. 8,2
10,30: cap. 6,5
14,27: cap. 24,2
15,12: cap. 14,4
15,15: cap. 2,2
17,20-21: intr. IV
19,23-24: cap. 7,2
20,21-23: cap. 4,3
21,17: cap. 4,8

Atos dos Apóstolos
1,14: cap. 25,2
4,18-23: cap. 12,8
4,32: cap. 12,8
5,19-20: cap. 12,8

16,29: cap. 12,8
19,1-8: intr. VI,7

Romanos
3,3-4: cap. 22,2
8,17: cap. 24,3
13,14: cap. 1,1; 7,1

1Coríntios
1,10: cap. 8,3
1,24: cap. 1,1
11,19: cap. 10,2
12,13: intr. VI,4
13,1-9: cap. 14,3
15,33: cap. 17,2

2Coríntios
11,14: cap. 3,3

Gálatas
3,27: cap. 1,1; 7,1

Efésios
4,2-3: cap. 8,3
4,4-5: cap. 4,7
5,6-7: cap. 23,2
5,24-31: cap. 6,1

Filipenses
2,9: cap. 21,4

1Tessalonicenses
5,1-2: cap. 16,2

2Tessalonicenses
3,6: cap. 23,2

2Timóteo
3,1-9: cap. 16,1

Tito
3,11: cap. 17,3

1São João
2,19: cap. 9,5
4,16: cap. 14,5
5,7: cap. 6,5

Apocalipse
3,11: cap. 20,3

Índice analítico

Aarão
nas pragas do Egito: cap. 16
seus filhos pecaram contra o culto e foram
castigados: cap. 18,3

Abirão
cf. Coré, Datã e Abirão

Aías
dividiu em partes o seu manto para significar a
divisão do reino de Salomão: cap. 7,4

Amor; cf. Caridade

Anticristo
apregoado pelo demônio com o nome de Cristo:
cap. 3,4

Apóstolos

apascentam o único rebanho em unânime
harmonia: cap. 4,9

dois deles foram libertados da cadeia porque eram
unânimes: cap. 12,8

no tempo deles reinou perfeita unidade entre os
fiéis: cap. 25,1

orando unânimes no Cenáculo: cap. 25,2

receberam o mesmo poder de Pedro: intr. VII,1.3;
cap. 4,3-4.9

sua fé não foi abalada pela traição de Judas: cap.
22,1

Arca de Noé

figura da Igreja: cap. 6,3

Azarias

resiste ao Rei Ozias em defesa da lei do culto: cap.
18,2

Babilônia

cf. Três jovens

Basílide

bispo lapso, condenado por um sínodo de
Cartago: intr. VIII,7

Batismo

dá a vida, a salvação, o perdão e gera filhos para
Deus: cap. 11,3

de crianças: intr. VI,7

doutrina e praxe atual da Igreja Católica: intr. VI,5.7

é um só: cap. 4,4; 11,3

o batismo cismático segundo São Cipriano: intr.. VI,1; cap. 11,3

Bispos

cada um deles participa plenamente da Ordem: cap. 5,2

centro da unidade na Igreja local: intr. VII, 9

devem zelar pela unidade: cap. 5,1

desprezados pelos cismáticos: cap. 17,3

gozam de certa liberdade pastoral, de que darão conta ao Senhor e à Igreja: intr. VIII,1.6; VIII,7

o episcopado é um e indiviso: cap. 5,1

presidem na Igreja: cap. 5,1; intr. VII,4

relação com a cátedra de Pedro: intr. VII,3

são sucessores dos apóstolos: intr. IV,2

Caim

suas dádivas não foram aceitas porque estava com inveja do irmão: cap. 13,2

Caridade

mandamento do Senhor: cap. 14,4

não é possível sem a unidade: cap. 14,4; 15,4

sempre existirá no Reino: cap. 14,3

Cartago

sé de São Cipriano: intr. I,1

cf. Sínodos em Cartago

Castigos

os confessores que se tornaram infiéis serão mais
castigados: cap. 21,6

o martírio de um cismático obstinado é um
castigo, não uma coroa: cap. 14,5

quem vai contra as ordens de Deus será punido:
cap. 17,3; 18,1-3

Cátedra

Cristo instituiu uma só cátedra: cap. 4,9-10

uma cátedra, uma Igreja: intr. VII,1

Cipriano

desterro e martírio: intr. VI,6

na perseguição do ano de 249: intr. II,2

opúsculos; cf. *De bono patientiae*; *De oratione
dominica*; *De Catholicae Ecclesiae unitate*;

sua objeção de consciência sobre o batismo dos
cismáticos: intr. VIII,3

vida e obras: intr. I,2

Cismáticos

autores de dissensão: cap. 23,1

criam temerários grupinhos, usurpam o título e o poder dos bispos: cap. 10,3

devem ser evitados: cap. 17,2; 23,3

estão fora da verdade e não guardam a fé: cap. 3,5; 4,6.10

já não são dos nossos: cap. 9,5

loucos, tentam romper a unidade de Deus e rasgar a veste de Cristo: cap. 8,1

não observam a fé do Pai, do Filho, do Espírito Santo: cap. 6,5

não podem possuir a veste de Cristo: cap. 7,3

seus chefes são rivais dos sacerdotes: cap. 13,3

cf. tb. Escândalo; Perfídia; Pseudoprofetas

Clemente Romano, papa e mártir

testemunho sobre o primado de Roma: intr. VII,10

Cobiça

o desejo de possuir sempre mais não é evangélico: cap. 26,1

Comunhão entre as Igrejas

constitui o exercício concreto da unidade: intr. VII,7

Comunidades cismáticas
celebram sacrilegamente a Eucaristia: cap. 8,5;
13,3
não podem se reunir em nome de Cristo: cap.
12,5

Concílio Vaticano II
reconheceu valores positivos nas religiões não
cristãs: intr. V,3

Confessores
alguns caíram no cisma e em outros pecados
graves: cap. 20,1
alguns favoreceram o cisma: cap. 21
a maioria persevera na fé e na paz da Igreja: cap.
22,3
as faltas de alguns não destruíram a santidade e a
dignidade dos demais: cap. 22,1-2
devem ser humildes: cap. 21,3-5
quem eram: intr. II,2; cap. 20

Coré, Datã e Abirão
pecaram contra as leis do culto e foram castigados:
cap. 16,1

Cornélio, papa e mártir
contra ele se levantou Novaciano: cap. 4
sucedeu a São Fabiano: intr. II,2

Corpo místico
exige que seus membros vivam na unidade visível
da Igreja: cap. 9,5
o membro separado não pode viver: cap. 23,4
o povo cristão, unido como um só corpo, não
pode ser dividido: cap. 23,1.3

Cristãos
filhos de Deus e coerdeiros de Cristo, devem ser
pacíficos: cap. 24,3
os primeiros cristãos guardavam a unidade e a
caridade: cap. 25,1
os primeiros cristãos vendiam seus bens e davam o
que apuravam aos apóstolos: cap. 26,1
são revestidos de Cristo: cap. 1,1; 7,1.5

Cristianismo
difusão: cap. 3,2

Datã
cf. Coré, Datã e Abirão

De bono patientiae (Valor de paciência)
Opúsculo de São Cipriano: intr. VIII,9

De Catholicae Ecclesiae unitate (Unidade da Igreja
Católica)
data e circunstâncias em que foi escrito: intr. III,1

seu estilo e objetivo: intr. III,1; V,4

sua difusão e influência: intr. III,2

Décio

sua perseguição: intr. II,2

Demônio

dilui toda a verdade: cap. 3,4

engana dizendo que é o Cristo: cap. 14,6

está mais enraivecido contra os confessores: cap. 21,2

está solto, virá no fim do mundo: cap. 16,3

expulsá-los; cf. Profetizar

foi vencido por Cristo e pela confissão da fé: cap. 1,3; 22,3

inventa os cismas: intr. IV,4; cap. 3,3

malvado: cap. 1,1-2; 3,2-3; 16,3

seus nomes: inimigo traiçoeiro, serpente, antigo adversário,

tenta com astúcias e ciladas: cap. 1,2-3

transfigura-se em anjo de luz: cap. 3,3-4

vence surpreendendo-nos no sono da inércia: cap. 26,3-4

De oratione dominica (A oração do Senhor (Pai-nosso))

opúsculo de São Cipriano: intr. IV

Deus

castiga: cap. 17,3; 18,3; 23,2; 26,2

é juiz: cap. 15,1
nosso Pai: cap. 6,3; 13,1
premia: cap. 2,4; 6,2; 14,4; 26,3

Disciplina
cf. Lei

Dissensão
flagelo que deve ser evitado: cap. 24,1
os chefes cismáticos são autores de dissensão: cap.
23,2

Dízimos
já não eram mais pagos por alguns: cap. 26,1

Doutrinas estranhas
buscadas pelos hereges: cap. 19,1

Esaú
sua primogenitura é chamada de *primatus*: cap. 4

Escândalo
as conversas dos cismáticos corrompem a verdade
e contagiam com veneno mortífero: cap. 10,3;
17,2
o corifeu de cismas engana muitos: cap. 19,2
quando os cismáticos se separam da Igreja as
ovelhas não ficam contagiadas: cap. 9,4
resistir contra os maus exemplos dos confessores
que prevaricaram: cap. 21,3

Escrituras Sagradas

devem ser reta e honestamente interpretadas: cap. 12,1-2

não se pode interpretar uma frase fora do seu contexto: cap. 12,2

palavras do Espírito Santo; cf. Espírito Santo

Espírito Santo

Ele nos fala através das Escrituras: cap. 4,5; 8,6; 10,2; 16,1; 24,1

espírito de paz e unidade: intr. IV,4

manifestou-se em forma de pomba: cap. 9,1

Esposa de Cristo

conserva todo o poder do seu Esposo: intr. VII,4

única, casta e incorruptível: cap. 6,1

Estêvão I, papa

correspondente de São Cipriano: intr. VII,1-7

sua doutrina sobre o batismo: intr. VI,2-4

sua morte: intr. VI,6

sua reação à carta do Sínodo de Cartago: intr. VIII,2.8

Eucaristia

contém a carne de Cristo: cap. 8,5

é chamada de o "Santo do Senhor": cap. 8,5

é profanada com falsos sacrifícios pelos cismáticos: cap. 17,3

Fabiano, papa e mártir: intr. II,2

Fé

acarreta a verdade da lei e a paz de Cristo: cap. 22,3

alguns confessores naufragaram nela: cap. 22,1

é pervertida pelo cisma: intr. V,1; cap. 4,6.10; 15,4

não salva sem a observância dos mandamentos e a caridade: cap. 2,4-5; 14,3

pode existir, ao menos imperfeita, sem a unidade?: intr. V,3

seu enfraquecimento no fim dos tempos: cap. 26,2

sua coroa é o martírio: cap. 14,5

sua prova é fácil: cap. 4,1

Felicíssimo

cismático em Cartago: intr. II,3

Fim do mundo

falta de fé: cap. 26,2

sinais de sua proximidade: cap. 16,1.3

Firmiliano, bispo

correspondente de São Cipriano: intr. VI,3

Gregório Magno, papa

acreditava na proximidade do fim do mundo: cap. 16

Herança

coerdeiros de Cristo, sejamos pacíficos: cap. 24,2

o Senhor nos deixou a paz como herança: cap. 24,2

Hereges; cf. Cismáticos

Heresias e cismas

estavam aumentando: intr. II,3; cap. 16,1-2

foram preditas: cap. 16,1; 17,1

invenções do demônio contra a fé, a verdade e a unidade: cap. 3,3

não são os bons que deixam a Igreja: cap. 9,5

paixões que as predispõem: cap. 9,3-5; 10,1

são pestes da fé: cap. 10,3

sua origem: cap. 12,5

Humildade

deve-se imitar Cristo em sua humildade: cap. 21,4

Igreja

comunidade do clero e do povo: cap. 17,3

difusa no mundo inteiro, mas sempre una: intr. VII,7; cap. 5,2-5;

figurada na pomba do Cântico: cap. 4,5

fonte e cabeça da verdade: cap. 5,6; 12,5

fundada sobre um só: intr. VII, 4; cap. 4,3

mãe que nos gera e alimenta para a vida: cap. 5,6;
6,1.3
nasceu para reinar: cap. 14,1
ninguém se salva fora dela: cap. 6,3
possui todo o poder do seu Esposo: intr. VII,4
torna-nos partícipes do Reino: cap. 6,1
única esposa de Cristo: cap. 6,1
cf. tb. Mãe

Impecabilidade
ninguém a possui neste mundo: cap. 20,1

Inácio de Antioquia, mártir
testemunho do primado de Roma: intr. VII,10

Inferno; cf. Suplícios eternos

Insistência
alertando para a vigilância: cap. 26,4
exortando à unidade: cap. 23,1

Interpretação das Sagradas Escrituras; cf. Escrituras
Sagradas

Ireneu de Lião
testemunho do primado de Roma: intr. VII,10

Jamnes e Mambres
feiticeiros do Egito: cap. 16,1

Jesus Cristo

foi exaltado pela sua humildade: cap. 21,4

fonte e cabeça da verdade: cap. 3,5

funda a Igreja sobre Pedro: cap. 4,2-3

Palavra, Virtude e Sabedoria de Deus Pai: cap. 1,1; 21,4

quis a unidade da Igreja: intr. IV

remiu-nos com o seu sangue: intr. IV

seu nome é usado de maneira mentirosa pelos cismáticos: intr. VIII, 5

Jubaianus, bispo

correspondente de São Cipriano: intr. VI,2; VII,4; VIII,9

Judas

traiu o Senhor depois de ter sido apóstolo: cap. 22,1

Lapsos

atenuantes do seu pecado e sinais de arrependimento: cap. 19,2-3;

quem eram: intr. II,2; cap. 19

Lei

ela e a disciplina do Senhor devem ser observadas: cap. 22,3 os cismáticos não observam a lei do Evangelho: cap. 3,3

Liberdade
dos bispos na administração da Igreja: intr. VIII,1
Deus respeita a liberdade dos malvados para provação dos bons: cap. 10,1-2
o pecado do cisma é perpetrado em plena liberdade: cap. 19,2

Língua
deve ser refreada do flagelo da dissensão: cap. 24,1
não ouças a língua maldosa: cap. 17,2
os cismáticos têm línguas pestilentas: cap. 10,3
simplicidade nas conversas: cap. 24,3

Lourenço, diácono e mártir: intr. VI,6; cap. 13

Mãe
a Igreja é mãe que nos gera para a vida: cap. 5,6; 6,1.3; 19,2
conserva no seu regaço o povo unido: cap. 23,1

Mandamentos de Cristo
condição para a justiça: cap. 15,2
condição para uma oração eficaz: cap. 12,7
os dois máximos preceitos são a senda da fé e da

esperança: cap. 15,3

único caminho da vida: cap. 2,3-5

Mansidão

cordeiros e ovelhas: cap. 9,2

os filhos de Deus devem ser mansos de coração:
cap. 24,3

Marcial, bispo lapso

condenado por um sínodo de Cartago: intr.
VIII,7

Marciano, bispo de Aries

condenado por Cipriano: intr. VIII,7

Maria, a mãe de Jesus

em oração no Cenáculo: cap. 25,2

Martírio

é coroa da fé: cap. 14,5

não lavaria a mancha da discórdia e do cisma: cap.
14,1-2; 19,3

Missa; cf. Eucaristia; Sacrifício

Moisés

pragas do Egito: cap. 16,1

regulamenta o culto: cap. 18,1

Nero, imperador romano

primeiro perseguidor: intr. II,1

Noé; cf. Arca de Noé

Novaciano
  usurpou o primado, em Roma, contra o Papa
  Cornélio: cap. 4

Novato
  chefe cismático em Cartago: intr. II,3; cap. 21

Obediência
  à lei e à disciplina do Senhor: cap. 22,3
  castigos dos desobedientes: cap. 18,1-2; 23,2
  é necessário obedecer aos mandamentos e aos
  avisos de Deus: cap. 15,2
  o preceito da concórdia e da paz na oração: cap.
  12,4.6
  os cismáticos resistem às ordens de Deus: cap.
  17,3

Obras
  não há generosidade nas boas obras por falta de fé:
  cap. 26,1-2
  vigilantes na prática das boas obras: cap. 26,3

Obstinação
  dos chefes cismáticos: cap. 19,2-3; 23,1

Oração
  de espírito: cap. 12,3.6

exige a paz: cap. 12,4

em comum, não vale pelo número dos que oram,
mas pela união de espírito: cap. 12,3.6

não agrada a Deus se não perdoarmos: cap. 13,1

"Oração do Senhor" (Pai-nosso), opúsculo de São
Cipriano: intr. IV

unânime no Cenáculo: cap. 25,2

Ordenação

sua lei é desrespeitada pelos cismáticos: cap. 10,3

Orgulho

causa de obstinação e de impenitência: intr. II,1;
cap. 19,2

Ozias

usurpou o direito de oferecer incenso e foi
castigado: cap. 18,2

Paciência

necessária para salvar a paz: intr. VIII,9

opúsculo de São Cipriano sobre: intr. VIII,9

Páscoa

o rito da ceia pascal prefigurava a unidade da
Igreja: cap. 8,5

Paz

deve ser conservada e procurada: cap. 22,3; 24,1.3

encarecida por Nosso Senhor: cap. 12,9; 14,2

necessária na oração: cap. 12,4

perturbada pelos cismáticos: cap. 15,4

preceito, herança e dom do Senhor, incluindo todas as suas promessas: cap. 24,2

quem a rompe trabalha contra Cristo: cap. 6,4

recomendada por São Paulo: cap. 8,2

Pecado

de Adão e Eva: cap. 1,3

Pecado do cisma

é mais grave do que o dos lapsos: cap. 19,1

é múltiplo: contra Deus, contra os sacerdotes: cap. 4,6; 6,4; 17,3

é plenamente livre: cap. 19,2

não se apaga pelo martírio: cap. 14,1

Pedro

é "pedra"; i. é, firmeza da Igreja e da unidade: intr. VII, 1

recebeu as chaves da Igreja: intr. VII,1

recebeu o primado: cap. 4,2.9

sobre ele, Cristo fundou a Igreja: cap. 4,3.8.10

Penitência dos lapsos

inclui arrependimento e satisfação: cap. 19,2

Perdão

não se dá a quem está com rancor do irmão: cap. 13,1-2

o poder de perdoar é conferido aos apóstolos: cap. 4,3

supõe penitência, arrependimento e satisfação: cap. 19,2

Perfídia

é o oposto da fé e de sua corrupção: intr. V,1; cap. 11,4; 14,5; 21,6

manter a fé, desligando-se da perfídia: cap. 22,3

Perseguições: intr. II,1-2

cf. tb. Nero; Décio; Valeriano

Perseverança final

inclui a fé, a lei e a paz do Senhor: cap. 22,3

só ela nos leva ao cume da glória: cap. 21,1

Pluralismo

tolerável em usos locais: intr. VIII,1

Polêmicas

Cipriano evitou polêmicas diretas com outros bispos: intr. VIII,9

Pomba

modelo de concórdia, brandura e paz: cap. 9,1-2

Pompeius, bispo

correspondente de São Cipriano: intr. IV,2; VI,2

Preceitos; cf. Mandamentos de Cristo

Primado
dado a Pedro: cap. 4,2.9
em que consiste: intr. VII,8-9
pertence à Igreja romana: intr. VII,7
sobre ele existem poucos documentos dos três
primeiros séculos: intr. VII,10

Profetizar
não adianta sem a justiça e a obediência aos
mandamentos: cap. 15,1-2

Prudência; cf. Vigilância

Pseudoprofetas
os chefes de cismas são: cap. 11,1-2

Raab
sua casa prefigurava a Igreja: cap. 8,4

Reino
a caridade sempre estará nele: cap. 14,4
a Igreja nasceu para reinar: cap. 14,1
a Igreja torna seus filhos partícipes do Reino: cap.
6,1
não alcança o Reino celeste quem não obedece a
Deus: cap. 15,1-2
o martírio faz alcançá-lo: cap. 14,1
Pedro recebeu as suas chaves: cap. 4,2
reinaremos com o Cristo glorioso: cap. 26,4

Religiões não cristãs
contêm valores positivos: intr. V,2

Roma
Igreja principal de onde nasceu a unidade e aonde
não pode penetrar a perfídia: intr. VII, 5
o primado pertence a ela: intr. VII,7

Sacerdotes
desprezados pelos cismáticos: cap. 17,3
são os bispos e presbíteros: cap. 13,3

Sacramento
como unidade da Igreja: cap. 4,7; 6,5; 7,1

Sacrifício
não é aceito sem a paz com os irmãos: cap. 13,1-2
os hereges profanam a Hóstia do Senhor com
falsos sacrifícios: cap. 17,3

Salomão
depois de ter agradado a Deus, pecou: cap. 20,2
seu reino foi dividido: cap. 7,4

"Santo do Senhor"
designa a Eucaristia: cap. 8,5

Sinal da Cruz
feito na fronte dos eleitos: cap. 18,2

Sínodos em Cartago
ano de 251: intr. II,2
ano de 253: intr. VI,7
ano de 256: intr. VI,2; VIII,4.6

Sixto II, papa e mártir: cap. 13
seu martírio: intr. VI,6

Suplícios eternos
por falta de fé não se pensa neles: cap. 26,2

Temor de Deus
não existe por falta de fé: cap. 26,2

Tentação
é mais temível quando disfarçada: cap. 1,2
é maior para os confessores: cap. 21,3

Tertuliano
negou que o primado de Pedro passasse aos
sucessores: intr. VII,2

Tradição
apostólica, fonte da verdade: intr. IV,2
desprezada pelos cismáticos: cap. 19,1
seguir a tradição do Apóstolo: cap. 23,2

Três jovens
oravam unidos na fornalha de Babilônia: cap. 12,7

Túnica de Cristo
imagem da unidade da Igreja: cap. 7,1-3.5

União
dos maus contra os divinos preceitos: não logra as
promessas de Cristo: cap. 12; 13,3

Unidade da Igreja
decorre da unidade do Pai, do Filho, do Espírito
Santo: cap. 6,5; 7,2; 23,4
depende da vontade de Cristo, que orou por ela:
intr. 4,1
deve ser manifesta: cap. 4,3.9
é dever principal dos bispos: cap. 5,1
é sacramento (sinal) da mesma unidade: cap. 4,7;
7,1
exige pureza de fé: cap. 5,1
paz, união de pensamentos e sentimentos: cap. 8,3
profanada pelos cismáticos: cap. 15,4
suas dimensões: intr. IV,2
virtudes que a integram e vícios opostos: intr. IV,3

Valeriano
sua perseguição: intr. VI,6

Vicente Ferrer
pregou como estando próximo o fim do mundo:
cap. 16

Vícios

característica dos últimos tempos: cap. 16,1.3

Vida

a verdadeira imortalidade é a salvação: cap. 2,1

na claridade eterna: cap. 26,3

o batismo dá a graça e a vida: cap. 11,3

o cismático não persevera na vida: cap. 8,4

o membro separado não pode viver: cap. 23,4

quem não observa a Lei de Deus não possui nem
a vida nem a salvação: cap. 6,5

Vigilância

contra as ciladas do inimigo: cap. 1,1

evitando os cismáticos: cap. 17,2

na observância dos preceitos, nas boas obras, na
fé: cap. 26,3

prudência não é intolerância: cap. 17,3; 23,2

CLÁSSICOS DA INICIAÇÃO CRISTÃ

Veja outros títulos da coleção em

livrariavozes.com.br/colecoes/classicos-da-iniciacao-crista

ou pelo Qr Code

Conecte-se conosco:

f   facebook.com/editoravozes

◉   @editoravozes

𝕏   @editora_vozes

▶   youtube.com/editoravozes

◯   +55 24 2233-9033

www.vozes.com.br

Conheça nossas lojas:

www.livrariavozes.com.br

Belo Horizonte – Brasília – Campinas – Cuiabá – Curitiba
Fortaleza – Juiz de Fora – Petrópolis – Recife – São Paulo

EDITORA VOZES LTDA.
Rua Frei Luís, 100 – Centro – Cep 25689-900 – Petrópolis, RJ
Tel.: (24) 2233-9000 – E-mail: vendas@vozes.com.br